管理体系标准培训丛书

管理体系内审员教程

中国检验认证集团陕西有限公司　编著

策划　吕　强
编者　肖荣里　周淑丽　陈　颖

西北工业大学出版社

【内容简介】 本丛书共有4个分册,分别是《质量管理体系标准的理解和实施》《环境管理体系标准的理解和实施》《职业健康安全管理体系标准的理解和实施》以及《管理体系内审员教程》。本丛书分别介绍了《质量管理体系标准》(GB/T 19001—2016)、《环境管理体系标准》(GB/T 24001—2016)、《职业健康安全管理体系标准》(GB/T 28001—2011)及《管理体系审核指南》(GB/T 19011—2013)产生的背景以及如何正确理解和实施。

本册对《管理体系审核指南》进行了较为详尽的阐述,对每条要求的相关术语和词语、标准的理解及审核要求进行讲解,并有不同的举例。

本书不仅可作为管理体系内部审核员培训教材,也可供企业管理者、管理体系咨询人员、审核员以及有关院校师生参考。

图书在版编目(CIP)数据

管理体系内审员教程/中国检验认证集团陕西有限公司编著. —西安:西北工业大学出版社,2017.4

(管理体系标准培训丛书)

ISBN 978-7-5612-5317-5

Ⅰ.①管… Ⅱ.①中… Ⅲ.①管理体系—认证—中国—岗位培训—教材 Ⅳ.①C931.2

中国版本图书馆 CIP 数据核字(2017)第 078549 号

策划编辑:张　晖
责任编辑:李文乾

出版发行:西北工业大学出版社
通信地址:西安市友谊西路 127 号　　邮编:710072
电　　话:(029)88493844　88491757
网　　址:www.nwpup.com
印 刷 者:向阳印务有限公司
开　　本:787 mm×1 092 mm　　1/16
印　　张:8.875
字　　数:211 千字
版　　次:2017 年 4 月第 1 版　　2017 年 4 月第 1 次印刷
定　　价:30.00 元

前　言

《管理体系审核指南》(GB/T 19011—2013)于2013年12月13日发布,并于2014年4月1日实施。

GB/T 19011—2013代替GB/T 19011—2003,与GB/T 19011—2003相比,其主要技术变化如下:范围从质量和环境管理体系审核拓展为任何管理体系审核;明确了GB/T 19011和GB/T 27021;引入远程审核方法以及风险的概念;将"保密性"增加为新的审核原则;重新组织了第5章、第6章和第7章的内容;新增的附录A包括了特定领域的知识和技能的示例等;新增的附录B包括了增加的信息,因而删除了本标准第一版中的实用帮助框及其内容;强化了能力确认和评价过程。

中国质量认证中心西北评审中心于2006年12月编写了管理体系标准培训丛书,其中包括《ISO 9001质量管理体系标准的理解和实施》《ISO 14001环境管理体系标准的理解和实施》《GB/T 28001职业健康安全管理体系标准的理解和实施》以及《ISO 22000食品安全管理体系标准的理解和实施》。本丛书出版以来,受到企业界的热烈欢迎,已先后在多期管理体系培训班中使用,效果良好。随着国家标准的更新,我们组织专家编写了《质量管理体系标准的理解和实施》《环境管理体系标准的理解和实施》《职业健康安全管理体系标准的理解和实施》及《管理体系内审员教程》,以帮助企业更有效地理解和贯彻国家新标准。

本书遵循理论和实践相结合的原则,在讲究系统性、规范性的同时,尤其注重可操作性和实用性,既具有一定的理论深度,又有相当的实用价值。

本书可作为管理体系内部审核员培训教材,也可作为企业管理者,管理体系咨询人员、审核员以及有关院校师生参考使用。

在编写过程中,参阅了相关资料,也得到朱玲、郭小明、薛永红等有关人员的支持与合作,在此,谨向各位深表谢意。

笔者衷心希望本书能够为广大读者提供更多的帮助,进一步得到读者的肯定和欢迎。

由于水平所限,书中不足之处,恳请广大读者批评指正。

编著者

2017年3月

目　录

第一章　管理体系认证认可制度简介 … 1
第一节　我国的认证认可制度 … 1
第二节　管理体系认证业务简介 … 2
第三节　中国认证认可协会(CCAA) … 11
第四节　国际认证认可机构简介 … 12
第五节　审核员注册与管理 … 14

第二章　审核知识 … 20
第一节　范围 … 21
第二节　规范性引用文件 … 21
第三节　术语和定义 … 22
第四节　审核原则 … 30
第五节　审核方案的管理 … 31
第六节　实施审核 … 34
第七节　审核员的能力和评价 … 82

第三章　审核案例分析 … 89
第一节　质量管理体系认证审核常见问题分析 … 89
第二节　质量管理体系(QMS)典型案例分析 … 90
第三节　环境管理体系(EMS)典型案例分析 … 95
第四节　职业健康安全管理体系(OHSMS)典型案例分析 … 100

附录 … 104
附录一　××建筑公司内部审核控制程序 … 104
附录二　核查表示例 … 115
附录三　GB/T 19001—2016 质量管理体系课堂练习和案例分析 … 120
附录四　GB/T 19001—2016 测试试题(120分) … 127

第一章　管理体系认证认可制度简介

第一节　我国的认证认可制度

认证,第三方依据程序对产品、过程或服务符合规定的要求给予书面保证;认可,一个权威团体依据程序对某一团体或个人具有从事特定任务的能力给予正式承认。认证是证明符合性,是书面保证,是第三方进行的;认可是证明具备能力,是正式承认,是权威团体进行的。

中国国家认证认可监督管理委员会(中华人民共和国国家认证认可监督管理局),英文全称为 Certification and Accreditation Administration of the People's Republic of China,简称 CNCA,是国务院决定组建并授权,履行行政管理职能,统一管理、监督和综合协调全国认证认可工作的主管机构。

根据国际认证的发展特点和我国政府的入世承诺,我国设立了自愿性认证和强制性认证相结合的认证制度体系(见图 1-1)。

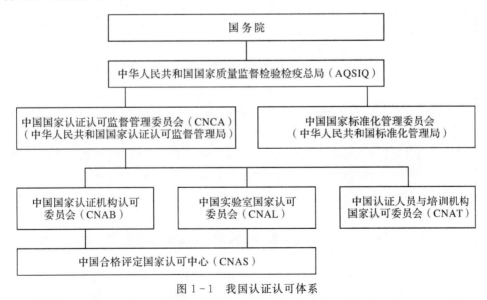

图 1-1　我国认证认可体系

自 2000 年以来,我国在更广泛的领域建立并实施了认证制度。在农业领域:饲料产品认证、良好农业规范(GAP)认证、有机产品认证、无公害农产品认证、HACCP 认证、绿色市场认证、食品质量认证(如酒类等)等;在林业领域:花卉认证、森林认证等;在工业、服务业及其他相关领域：体育用品认证(如健身器材产品认证等)、体育场所服务认证、环境标志产品认证、建筑用品认证、无线局域网产品认证、安全饮品认证、文教用品认证、信息安全认证、软件过程能力及成熟度认证、节水认证等。

结合中国认证认可事业发展的需要，建立了统一的认证认可制度，即只建立一套认证认可体系，按照集中统一的目标，整合资源，设立唯一的国家专业认证认可机构，并建立起比较完善的认证机构认可、实验室认可和检查机构认可制度，为我国认证的国际互认奠定了国家层面的组织基础。

目前，认证认可已经成为我国质量基础设施的重要支柱。自2002年起实施的强制性产品认证(CCC认证)制度，现已覆盖玩具、家用电器、汽车等22大类163种工业产品，累计颁发CCC认证标志约40亿枚、CCC认证有效证书30余万张，为保障产品质量安全、维护消费者权益发挥了显著作用。2011年，CCC获证产品的国家抽查合格率达到90.8%，比未获证产品平均高出26%。我国还建立起覆盖"从农田到餐桌"全过程的食品农产品认证认可体系，约有1.4万家企业通过ISO 22000、HACCP等体系认证，颁发各类食品农产品认证证书11.2余万张，获证食品农产品的合格率达到97%，出口食品合格率连续多年保持在99.9%以上。旅游、体育、医疗、维修等服务产品也运用认证认可手段提升了顾客满意度。

此外，认证认可的服务领域和服务成效不断扩大。面对经济全球化带来的新机遇，获得认证的企业运用认证认可这一贸易便利化工具，打破国外技术壁垒，从而实现"一证在手，全球认可"，全面提升"中国制造"的国际竞争力。我国每年签发国际电工委员会电工产品安全认证IECEE CB证书约3万张，在全球54个国家和地区免予重复检测，惠及2万多家出口企业。

在农业领域，我国按照各类认证规范生产的农田面积占农田总面积约40%，良好农业规范、有机产品等食品农产品认证，加快了农业标准化进程，减轻了滥用农药、化肥、添加剂对健康和环境的危害，促进了现代农业的可持续发展。我国建立北斗卫星导航系统检测认证体系，提升了北斗导航的可靠性和服务质量。在"神舟"飞船等国家重大科技项目建设中，同样离不开认证、检测等技术基础手段的支撑和服务。

随着行政审批项目的逐步减少，我国各级政府部门纷纷采用认证认可作为支撑手段，采信第三方机构的认证认可结果，从而提升行政效能，降低行政风险。财政部在政府采购目录中规定优先采购节能、信息安全等认证产品。作为"家电下乡""节能惠民"等政策的配套条件，CCC认证被明确写入多个政府招标采购文件。

近10年来，我国认证认可行业坚持从严管理，监管制度日益强化，规范化程度不断提高。我国认证认可全面融入经济、政治、社会、文化和生态文明建设，显现出越来越卓著的服务成效。

第二节　管理体系认证业务简介

认证业务主要划分为管理体系认证类、产品认证类、人员认证类和软件过程及能力成熟度评估，管理体系认证分为质量管理体系认证、环境管理体系认证、职业健康安全管理体系认证、能源管理体系认证、信息安全管理体系认证、良好生产规范(GMP)认证和食品安全管理体系认证；产品认证分为森林认证、有机产品认证、良好农业规范(GAP)认证和常规产品认证，其中常规产品认证分为CCC强制性产品认证和自愿性产品认证等。

2.1 体系认证类简介

一、质量管理体系(QMS)认证

国际标准化组织(ISO)于1979年成立了质量管理和质量保证技术委员会(TC 176),负责制定质量管理和质量保证标准。1987年发布以来,经历了1994版的修改、2000版的修改、2008版的修改,2015版为目前最新的标准版本,即今天的ISO 9001:2015系列标准。

ISO 9000族标准包括以下一组密切相关的质量管理体系核心标准:
——ISO 9000《质量管理体系　基础和术语》
——ISO 9001《质量管理体系　要求》
——ISO 9004《追求组织的持续成功　质量管理方法》
——ISO 19011《管理体系审核指南》

ISO 9000族标准是世界上许多经济发达国家质量管理实践经验的科学总结,且适用于各种类型、不同规模和提供不同产品组织。是迄今为止,在世界范围内应用最广泛的管理标准之一,其卓越的贡献在于将管理标准化,使各项工作结果一致成为可能,为企业的规范化运作奠定了基础。

二、环境管理体系(EMS)认证

环境管理体系(EMS)是组织整个管理体系中的一部分,用来管理环境因素,履行合规义务,并应对风险和机遇。ISO 14001:1996《环境管理体系　规范及使用指南》是国际标准化组织(ISO)于1996年正式颁布的可用于认证目的的国际标准,是ISO 14000系列标准的核心,可帮助组织实现其环境管理体系的预期结果(包括提升环境绩效,履行合规义务,实现环境目标),并向外界证明其环境管理体系的符合性和环境管理水平。ISO 14001环境管理体系可以带来保护环境、节能降耗、增强企业竞争力、赢得客户、取信于政府和公众等诸多好处,所以自发布之日起即得到了广大企业的积极响应,被视为进入国际市场的"绿色通行证"。同时,由于ISO 14001的推广和普及在宏观上可以起到协调经济发展与环境保护的关系、提高全民环保意识、促进节约和推动技术进步等作用,因此也受到了各国政府和民众越来越多的关注。为了更加清晰和明确ISO 14001标准的要求,ISO对该标准进行过二次修订,并于2015年9月15日颁布了新版标准ISO 14001:2015《环境管理体系　要求及使用指南》。

ISO 14001标准是在当今人类社会面临严重环境问题(如:温室效应、臭氧层破坏、生物多样性的破坏、生态环境恶化、海洋污染等)的背景下产生的,是工业发达国家环境管理经验的结晶,其基本思想是引导组织按照PDCA模式建立环境管理的自我约束机制,从最高领导到每个职工都以主动、自觉的精神处理好自身发展与环境保护的关系,不断提升环境绩效,最终实现组织的良性发展,达到环境、经济、社会的共赢。该标准适用于任何规模、类型和性质规模的组织,并适用于各种地理、文化和社会环境。

三、职业健康安全管理体系(OHSMS)认证

职业健康安全管理体系(OHSMS)是20世纪80年代后期在国际上兴起的现代安全生产管理模式,它与ISO 9001和ISO 14001等标准规定的管理体系一并被称为后工业划时代的管理方法。其首版GB/T 28001—2001(OHSAS 18001:1999),再版GB/T 28001—2011(OHSAS 18001:2007)标准是目前可用于第三方认证的唯一OHSMS标准,该标准为各类组织提

供了结构化的运行机制,帮助组织改善安全生产管理,推动职业健康安全和持续改进。

随着工业科技的不断进步,职工的安全健康问题越来越突出,全球安全生产事故持续增长。据国际劳工组织估计,世界范围内每年约发生2.7亿起职业事故,200万人死于职业事故和与工作相关的疾病,1.6亿人遭受职业病,职工的安全健康受到严重威胁。20世纪90年代后期,一些发达国家借鉴ISO 9000认证的成功经验开展了实施职业健康安全管理体系的活动,以保障从业人员的健康安全。1996年英国颁布了BS 8800《职业安全卫生管理体系指南》国家标准。此后,美国、澳大利亚、日本、挪威的一些组织制定了关于职业健康安全管理体系的指导性文件,1999年英国标准协会(BSI)、挪威船级社(DNV)等13个组织提出职业健康安全评价系列(OHSAS)标准,即OHSAS 18001《职业健康安全管理体系 规范》、OHSAS 18002《职业健康安全管理体系——OHSAS 18001实施指南》。

改革开放以来,我国国民经济一直保持着高速增长,但作为社会发展重要标志之一的职业健康安全状况却远远滞后于经济建设的步伐。为了尽快提高我国安全生产水平,保障广大劳动人民的根本利益,促进贸易发展,符合WTO规则的要求,国家质检总局于2001年发布了国家标准GB/T 28001—2001《职业健康安全管理体系 规范》,该标准覆盖了OHSAS 18001:1999的所有技术内容,适用于任何建立职业健康安全管理体系并寻求外部机构对其职业健康安全管理体系进行认证的组织。该标准经一次换版,目前为GB/T 28001—2011(等同采用OHSAS 18001:2007)《职业健康安全管理体系 要求》。

本教程中的"管理体系"是指一个组织建立的质量管理体系或环境管理体系或职业健康安全管理体系或以上两个体系或三个体系的任意组合,其他管理体系内审员可参考本教程内容。

四、能源管理体系认证(GB/T 23331—2009)《能源管理体系 要求》

能源是国民经济和社会发展的重要物质基础。中国资源不足,能源短缺已成为制约国民经济持续发展的重要因素。由于现阶段还是粗放型经济,能源利用效率低,能耗高,能源浪费现象十分严重,能源的紧缺形势又给我国的资源不足和环境治理造成巨大压力。

节能工作是一个系统性、综合性很强的工作。由于缺乏相互联系、相互制约和相互促进的科学的能源管理理念、机制和方法,能源管理脱节,能源使用出现无依据、分配无定额、考核无计量、管理无计划、损失无监督、节能无措施、浪费无人管等现象。一些思想前瞻的组织建立了能源管理队伍,在能源管理中,逐渐认识到开发和应用节能技术和装备仅仅是节能工作的一个方面,单纯依靠节能技术并不能最终解决能源供需矛盾等问题。应用系统的管理方法降低能源消耗,提高能源利用效率,推动行为节能,进行能源管理体系建设成为能源管理的关键。有计划地将节能措施和节能技术应用于实践,使得组织能够持续降低能源消耗、提高能源利用效率,这不仅促进了系统管理能源理念的诞生,也推动了许多国家能源管理体系标准的开发与应用。

《能源管理体系 要求》(GB/T 23331—2009)已于2009年3月11日发布,于2009年11月1日正式实施。国家认监委在《关于开展能源管理体系认证试点工作有关要求的通知》(国认可[2009]44号)中规定,由于《能源管理体系 要求》的内容适用于各类组织,属于组织建立能源管理体系的通用要求。因此,能源管理体系认证试点的依据应以国家标准为基础,根据我国不同行业能源使用和管理的实际情况,制定行业认证实施规则。

五、信息安全管理体系认证(ISO 27000:2005)

随着世界范围内信息化水平的不断发展,信息安全逐渐成为人们关注的焦点,世界范围内的各个机构、组织、个人都在探寻如何保障信息安全。英国、美国、挪威、瑞典、芬兰、澳大利亚等国均制定了有关信息安全的本国标准,国际标准化组织(ISO)也发布了 ISO 17799,ISO 13335,ISO 15408 等与信息安全相关的国际标准及技术报告。在信息安全管理方面,英国标准 ISO 27000:2005 已经成为世界上应用最广泛与典型的信息安全管理标准,它是在 BSI/DISC 的 BDD/2 信息安全管理委员会指导下制定完成的。

现在,ISO 27000:2005 已得到了很多国家的认可,是国际上具有代表性的信息安全管理体系标准。除英国之外,还有荷兰、丹麦、澳大利亚、巴西等国已同意使用该标准;日本、瑞士、卢森堡等国也表示对 ISO 27000:2005 感兴趣,我国的台湾、香港也在推广该标准。许多国家的政府机构、银行、证券、保险公司、电信运营商、网络公司及许多跨国公司已采用了此标准对自己的信息安全进行系统的管理。

六、GMP 认证

GMP 是良好操作规范(Good Manufacture Practices)的英文缩写,主要内容是对企业(药品制剂类)生产过程的合理性、生产设备的适用性和生产操作的精确性、规范性提出强制性要求。1969 年,世界卫生组织向世界各国推荐使用 GMP。几十年的应用实践证明,GMP 是确保产品高质量的有效工具。因此,联合国食品法典委员会(CAC)将 GMP 作为实施危害分析与关键控制点(HACCP)原理的必备程序之一。

《药品生产质量管理规范》(以下简称药品 GMP)是药品生产和质量管理的基本准则,适用于药品制剂生产的全过程和原料药生产中影响成品质量的关键工序。大力推行药品 GMP,是为了最大限度地避免药品生产过程中的污染和交叉污染,降低各种差错的发生,是提高药品质量的重要措施。

药品 GMP 是药品生产和质量管理的基本准则。我国于 1988 年第一次颁布药品 GMP,至今已有 20 多年,其间经历 1992 年和 1998 年两次修订,截至 2004 年 6 月 30 日,实现了所有原料药和制剂均在符合药品 GMP 的条件下生产的目标。新版药品 GMP 共 14 章、313 条,新版药品 GMP 吸收国际先进经验,结合我国国情,按照"软件硬件并重"的原则,贯彻质量风险管理和药品生产全过程管理的理念,更加注重科学性,强调指导性和可操作性,达到了与世界卫生组织药品 GMP 的一致性。GMP 所规定的内容,是食品药品加工企业必须达到的最基本的条件,是指导药品生产和质量管理的法规。

七、HACCP 认证

HACCP 是危害分析关键控制点(Hazard Analysis Critical Control Point)的简称。它作为一种科学的、系统的方法,应用在从初级生产至最终消费的过程中,通过对特定危害及其控制措施进行确定和评价,从而确保食品的安全。HACCP 在国际上被认为是控制由食品引起疾病的最经济的方法,并就此获得联合国粮农组织(FAO)/世界卫生组织(WHO)食品法典委员会(CAC)的认同。它强调企业本身的作用,与一般传统的监督方法相比较,重点在于预防而不是依赖于对最终产品的测试,具有较高的经济效益和社会效益,被国际权威机构认可为控制由食品引起疾病的最有效方法。

HACCP 的概念起源于 20 世纪的美国,在开发航天食品时开始应用 HACCP 原理。HACCP 主要包括 7 个基本原理:

原理 1:进行危害分析。

原理2:确定各关键控制点。
原理3:制定关键限值。
原理4:建立一个系统以监测关键控制点的控制情况。
原理5:在监测结果表明某特定关键控制点失控时,确定应采取的纠正行动。
原理6:建立认证程序以证实HACCP系统在有效地运行。
原理7:建立有关以上原则和应用方面各项程序和记录的档案。

在食品业,HACCP应用得越来越广泛,它逐渐从一种管理手段和方法演变为一种管理模式或者说管理体系。国际标准化组织与其他国际组织密切合作,以HACCP原理为基础,吸收并融合了其他管理体系标准中的有益内容,形成了以HACCP为基础的食品安全管理体系。2005年9月,国际标准化组织发布了ISO 22000《食品安全管理体系》——对整个食品链的要求。

ISO 22000与ISO 9001有相同的框架,并包含HACCP原理的核心内容。ISO 22000能使全世界范围内的组织以一种协调一致的方法应用HACCP原理,不会因国家和产品的不同而大相径庭。

八、TL 9000认证

ISO 9000发布后,在世界范围内得到了迅速的推广和广泛的认可,成为全世界质量保证能力的公共标准。20世纪90年代,美国三大汽车公司和航天企业在ISO 9000的基础上,分别开发了自己的专门标准QS 9000和AS 9000。随着电信行业的全球化,在该行业中设立一套统一的质量体系要求,已经成为全世界电信企业的共同需求。1996年春,以贝尔为首的一些电信业知名服务提供商提出要制定一个统一的质量体系标准,并于1997年10月成立了QuEST论坛(Quality Excellence for Suppliers of Telecommunication Forum)。QuEST论坛是一个电信业服务提供商和产品制造商之间使用和沟通的世界论坛,其目标是统一所有电信业的质量管理体系标准,在现有标准和实践的基础上制订和保持一个通用的电信业质量管理体系标准TL 9000。论坛负责该标准的制定、发布和修改,并保持TL 9000和其他标准的一致性。

TL 9000适用于电信业的硬件、软件、服务质量体系及其相关组合。TL 9000认证的对象可以是一个完整的公司,也可以是一个组织的单元、装置或者被供方和认证机构共同认可的限定的明确的生产线。

九、ISO/TS 16949认证

为了协调国际汽车质量管理系统规范,由世界上主要的汽车制造商及协会于1996年成立了一个专门机构,称为国际汽车工作组(International Automotive Task Force,IATF)。IATF的成员包括了国际标准化组织质量管理与质量保证技术委员会(ISO/TC 176)、意大利汽车工业协会(ANFIA),法国汽车制造商委员会(CCFA)和汽车装备工业联盟(FIEV)、德国汽车工业协会(VDA)、汽车制造商如宝马(BMW)、克莱斯勒(Daimler Chrysler)、菲亚特(fiat)、福特(Ford)、通用(General Motors)、雷诺(Renault)和大众(Voldswagen)等。

IATF对3个欧洲规范VDA6.1(德国)、VSQ(意大利)、EAQF(法国)和QS 9000(北美)进行了协调,在ISO 9001:2000的基础上,在ISO/TC 176的认可下,2002年3月1日,制定了TS 16949:2002这项技术规范,适用于整个汽车产业生产零部件与服务件的供应链,包括整

车厂。

2002年4月24日,福特、通用和克莱斯勒三大汽车制造商在美国密歇根州底特律市召开了新闻发布会,宣布对供应厂商要采取的统一的一个质量体系规范,这个规范就是TS 16949。供应厂商如果没有得到TS 16949的认证,也将意味着失去作为一个供应商的资格。

目前,法国雪铁龙(Citroen)、标志(Peugeot)、雷诺(Renault)和日本日产(Nissan)汽车制造商已强制要求其供应商通过TS 16949的认证。

十、SA 8000认证

SA 8000是指社会道德责任标准,英文全称Social Accountability 8000。自1997年问世以来,受到了公众极大的关注,在美欧工商界引起了强烈反响。专家认为,SA 8000是继ISO 9000、ISO 14000之后出现的又一个重要的国际性标准,并迟早会转化为ISO标准;通过SA 8000认证将成为国际市场竞争中的又一重要武器。有远见的组织应未雨绸缪,及早检查本组织是否履行了公认的社会责任,在组织运行过程中是否有违背社会公德的行为,是否切实保障了职工的正当权益,以把握先机,迎接新一轮的世界性挑战。组织年度报告和公司宣传册中关于道德责任的陈述逐年增多,这一现象表明,管理与社会责任相结合的需求日益增大。尽管许多组织在运营中并无不道德行为,但却无从评判。而今天,组织行为是否符合社会公德可以根据该组织与SA 8000要求的符合性予以确认和声明。

SA 8000——世界上第一个社会道德责任标准,是规范组织道德行为的一个新标准,已作为第三方认证的准则。SA 8000认证是依据该标准的要求审查、评价组织是否与保护人类权益的基本标准相符,在全球所有的工商领域均可应用和实施。

十一、ISO 13485认证

ISO 13485:2003全称是《医疗器械 质量管理体系 用于法规的要求》(Medical device-Quality management system-Requirements for regulatory)。该标准由SCA/TC 221医疗器械质量管理和通用要求标准化技术委员会制定,是以ISO 9001:2000为基础的独立标准。该标准规定了对相关组织的质量管理体系要求,但并不是ISO 9001在医疗器械行业中的实施指南。

该标准自1996年发布以来,得到全世界广泛的实施和应用,新版ISO 13485标准于2003年7月3日正式发布。与ISO 9001:2000不同,ISO 13485:2003是适用于法规环境下的管理标准,从名称上即明确是用于法规的质量管理体系要求。医疗器械在国际上不仅作为一般的上市商品在商业环境中运行,还要受到国家和地区法律、法规的监督管理,如美国的FDA、欧盟的MDD(欧盟医疗器械指令)、中国的《医疗器械监管条例》。因此,该标准必须受法律约束,在法规环境下运行,同时必须充分考虑医疗器械产品的风险,要求在医疗器械产品实现全过程中进行风险管理。除了专用要求外,可以说ISO 13485实际上是医疗器械法规环境下的ISO 9001。

目前,美国、加拿大和欧洲普遍以ISO 9001,EN 46001或ISO 13485作为质量保证体系的要求,建立医疗器械质量保证体系均以这些标准为基础。医疗器械要进入北美、欧洲或亚洲不同国家的市场,应遵守相应的法规要求。

2.2 产品认证类简介

一、中国强制性产品认证(CCC认证)

2001年12月,国家质检总局发布了《强制性产品认证管理规定》,以强制性产品认证制度替代原来的进口商品安全质量许可制度和电工产品安全认证制度。中国强制性产品认证简称CCC认证或3C认证,是一种法定的强制性安全认证制度,也是国际上广泛采用的保护消费者权益、维护消费者人身财产安全的基本做法。

2014年12月24日,国家认监委2014年第45号公告《国家认监委关于发布强制性产品认证目录描述与界定表的公告》,在其附件《强制性产品认证目录描述与界定表》(2014年修订)列入的产品包括电线电缆、电动工具、家用和类似用途设备、机动车辆及安全附件、安全玻璃、儿童用品等20大类147种产品(见表1-1)。

表1-1 实施强制性产品认证的产品目录

序号	大类	序号	大类	序号	大类
1	电线电缆(共5种)	8	音视频设备类(共12种)	15	电信终端设备(共9种)
2	电路开关及保护或连接用电器装置(共6种)	9	信息技术设备(共11种)	16	消防产品(共3种)
3	低压电器(共9种)	10	照明设备(共2种)	17	安全防范产品(共5种)
4	小功率电动机(共1种)	11	机动车辆及安全附件(共16种)	18	无线局域网产品(共1种)
5	电动工具(共16种)	12	机动车辆轮胎(共3种)	19	装饰装修材料(共3种)
6	电焊机(共15种)	13	安全玻璃(共3种)	20	儿童用品(共7种)
7	家用和类似用途设备(共18种)	14	农机产品(共2种)		

二、国推自愿产品认证

国推自愿产品认证指由国家认证认可行业管理部门制定相应的认证制度,经批准并具有资质的认证机构按照"统一的认证标准、实施规则和认证程序"开展实施的认证项目。中国质量认证中心(CQC)承担的国推自愿认证业务包括饲料产品、国家节能环保型汽车、有机产品和良好农业规范认证(GAP),这四项认证主要以推荐性国标为标准实施。

1. 饲料产品认证

饲料产品认证是指企业自愿申请,认证机构对饲料和饲料添加剂产品及生产过程按照有关标准或者技术规范要求进行合格评定的活动。饲料产品认证的对象,包括单一饲料、添加剂预混合饲料、浓缩饲料、配合饲料、精料补充料等饲料产品及营养性饲料添加剂和一般饲料添加剂等饲料添加剂产品(以下简称饲料产品),共58个产品单元。饲料产品认证对饲料生产企业应用危害分析与关键控制点(HACCP)原理的质量管理体系及产品质量、安全提出了要求,通过对企业现场检查和产品检验等活动，对饲料生产企业持续稳定提供符合相关法规要求的饲料产品的能力及饲料产品质量、安全等方面做出的一种评价活动。饲料产品认证过程，包括认证的申请、产品抽样检测、企业现场检查、认证结果评价与批准、获证后跟踪监督检查等活动。认证模式：产品抽样检验＋企业现场检查＋获证后的跟踪监督检查。认证证书有效期为3年，认证机构通过获证后跟踪检查来确保饲料产品质量的持续符合性。

2. 有机产品认证

有机农业是指遵照一定的有机农业生产标准，在生产中不采用基因工程获得的生物及其产物，不使用化学合成的农药、化肥、生长调节剂、饲料添加剂等物质，遵循自然规律和生态学原理，协调种植业和养殖业的平衡，采用一系列可持续发展的农业技术以维持持续稳定的农业生产体系的一种农业生产方式。有机产品是指来自于有机农业生产体系，根据国际有机农业生产要求和相应的标准生产、加工和销售，并通过独立的有机认证机构认证的供人类消费、动物食用的产品。有机产品包括有机食品、有机纺织品、皮革、化妆品、林产品、生产资料和动物饲料等。中国有机产品的认证以 GB/T 19630.1～19630.4—2005《有机产品》为标准具体实施。认证过程包括申请、受理、检查的准备和实施、认证决定以及认证后的管理等活动。认证证书有效期为1年。

3. 中国良好农业规范认证

2005 年 12 月 31 日，国家质检总局、国家标准委联合发布了 GB/T 20014.1～11—2005《良好农业规范》国家标准，并于 2006 年 5 月 1 日正式实施。2006 年 1 月，国家认监委制定了《良好农业规范认证实施规则（试行）》，并指定中国质量认证中心（CQC）等认证机构作为试点，在种植、养殖行业全面开展 CHINA GAP 认证，提高我国初级农产品质量安全。CHINA GAP 标准涉及食品安全、环境保护、员工健康安全和福利、动物健康安全和福利等方面的内容，是结合中国国情，根据中国的法律法规，参照 EUREP GAP 的有关标准制定的用来认证安全和可持续发展农业的规范性标准。获得 CHINA GAP 认证证书将与 EUREP GAP 直接进行互认，将积极促进获证企业农食产品出口欧洲。认证证书有效期为1年。

三、自愿性产品认证

认证机构针对强制性认证以外的产品类别，开展了自愿性产品认证业务。中国质量认证中心开展了 CQC 标志认证，以加贴 CQC 标志的方式表明产品符合有关质量、安全、环保、性能等标准要求，认证范围涉及 500 多种产品。自愿性产品认证旨在保护消费者人身和财产安全，维护消费者利益；提高国内企业的产品质量，增强产品在国际市场上的竞争力；也使国外企业的产品能更顺利地进入国内市场。

2.3 国际产品认证简介

一、CB 认证

IEC 是国际电工委员会（International Electrotechnical Commission）的英文缩写，是非政府性国际组织，正式成立于 1906 年，是世界上成立最早的专业国际标准化机构，负责有关电工、电子领域的国际标准化工作。现已制定国际电工标准 6 000 多个。

IEC 现在拥有 60 多个成员团体，包括了世界上绝大多数发达和发展中国家，这些国家制造和使用的电气、电子产品占全世界产量的 90%。IEC 的宗旨是促进电气、电子工程领域中标准化及有关问题的国际合作，增进国际了解。IEC的工作领域包括电气、电子及电工技术。为此，IEC出版包括国际标准在内的各种出版物，并希望各成员国在本国条件允许的情况下，在本国的标准化工作中使用这些标准。

为减少因各种不同的认证规则造成的贸易壁垒，消除多重测试和认证批准带来的时间延误和成本增加，使得企业能以更快的速度和更低的成本推出新的产品，帮助企业打开新的市场，IEC运用了若干个基于IEC国际标准的多边符合性评定体系。IECEE CB体系是其中较为成功的一个，该体系无论从观念上还是从实践上看都是真正全球性的。

IECEE是国际电工委员会电工产品合格与认证组织的英文简称。IECEE CB体系的中文全称是IECEE关于电工产品测试证书的相互认可体系，该体系以成员之间相互认可（双向接受）测试结果来获得国家级认证或批准的原则为基础。参加体系的各国家认证机构为了简化，按IEC标准进行认证或批准。在国家标准尚未完全以IEC标准为基础的国家，应考虑其所声明的国家差异，然而CB体系成功运作的先决条件是国家标准与相应的IEC标准的合理协调。最大限度地利用此体系，将促进和帮助世界各国的制造商获得国家级认证或批准所需的信息交流。

CB体系的执行单位是按IECEE规则接受的各国家认证机构（NCB），这些认证机构使用的也是按IECEE规则被接受的检测实验室，称为CB检测实验室（CBTLs）。CB体系以利用CB测试证书为基础，该证书提供了产品有代表性的样品已成功地通过检测的证据，表明它符合有关IEC标准的要求。为了获得国家级认证或批准，CB测试报告还可以附有证明该样品符合已声明的国家差异的补充报告。

截至2006年10月，已有45个国家成员机构加入CB体系，58家认证机构成为NCB，将近500间实验室成为CB检测实验室。2005年度，全球共颁发了40 860多份CB测试证书，有40 860多家工厂从CB体系中获益。

中国是IECEE CB体系的一个重要成员，于1990年加入该体系，迄今共颁发了7 517余张CB测试证书。中国质量认证中心（CQC）是中国唯一加入IECEE CB体系的NCB，并拥有17个CB试验室（含中国香港一个试验室）。目前CQC在IECEE CB体系内能够颁发12大类366个标准的CB测试证书，我国企业能够通过CB测试证书及测试报告，利用CB体系将产品方便快捷地推进国际市场。

二、CE认证

CE标志是产品进入欧盟国家及欧盟自由贸易协会国家市场的"通行证"。任何规定的（新方法指令所涉及的）产品，无论是欧盟以外还是欧盟成员国生产的产品，要想在欧盟市场上自由流通，在投放欧盟市场前，都必须符合指令及相关协调标准的要求，并且加贴CE标志。这是欧盟法律对相关产品提出的一种强制性要求，为各国产品在欧洲市场进行贸易提供了统一的最低技术标准，简化了贸易程序。目前包括24条新方法指令涉及CE认证。

需要CE认证的国家有所有欧洲经济区域的国家。

欧洲联盟：法国、德国、意大利、荷兰、比利时、卢森堡、英国、丹麦、爱尔兰、希腊、西班牙、葡萄牙、奥地利、瑞典和芬兰、塞浦路斯、匈牙利、捷克、爱沙尼亚、拉脱维亚、立陶宛、马耳他、波兰、斯洛伐克和斯洛文尼亚等25个国家。

欧洲自由贸易协会成员：瑞士、冰岛和挪威等3个国家。

以下产品需要加贴CE标志：

①电气类产品;②机械类产品;③玩具类产品;④无线电和电信终端设备;⑤冷藏、冷冻设备;⑥人身保护设备;⑦简单压力容器;⑧热水锅炉;⑨压力设备;⑩民用爆炸物;⑪游乐船;⑫建筑产品;⑬体外诊断医疗器械;⑭植入式医疗器械;⑮医疗电器设备;⑯升降设备;⑰燃气设备;⑱非自动衡器;⑲爆炸环境中使用的设备和保护系统。

三、欧盟 RoHS 指令

2003年1月27日,欧盟议会和欧盟理事会通过了2002/95/EC指令,即"在电子电气设备中限制使用某些有害物质指令"(The Restriction of the use of Certain Hazardous Substances in Electrical and Electronic Equipment),简称RoHS指令。基本内容:从2006年7月1日起,在新投放市场的电子电气设备产品中,限制使用铅、汞、镉、六价铬、多溴联苯(PBB)和多溴二苯醚(PBDE)等六种有害物质。RoHS指令发布以后,从2003年2月13日起成为欧盟范围内的正式法律;2004年8月13日以前,欧盟成员国转换成本国法律/法规;2005年2月13日,欧盟委员会重新审核指令涵盖范围,并考虑新科技发展的因素,拟定禁用物质清单增加项目;2006年7月1日以后,欧盟市场上将正式禁止六类物质含量超标的产品进行销售。

四、PSE 认证

PSE(Product Safety of Electrical Appliance & Materials)认证(在日本称之为"适合性检查")是日本电气用品的强制性市场准入制度,是日本《电气用品安全法》中规定的一项重要内容。目前,日本政府根据日本《电气用品安全法》中规定,将电气用品分为特定电气用品和非特定电气用品,其中特定电器用品包括115种产品,非特定电气用品包括338种产品。PSE包括EMC和安全两部分的要求。凡属于"特定电气用品"目录内的产品,进入日本市场,必须通过日本经济产业省授权的第三方认证机构认证,取得认证合格证书,并在标签上有菱形的PSE标志。

第三节 中国认证认可协会(CCAA)

中国认证认可协会(China Certification and Accreditation Association,CCAA)成立于2005年9月27日,是由认证认可行业的认可机构、认证机构、认证培训机构、认证咨询机构、实验室、检测机构和部分获得认证的组织等单位会员和个人会员组成的非营利性、全国性的行业组织,依法接受业务主管单位国家质量监督检验检疫总局的业务指导和监督管理。

中国认证认可协会以推动中国认证认可行业发展为宗旨,为政府、行业、社会提供与认证认可相关的各种服务。

中国认证认可协会的主要工作:加强社会责任监督,制定行规行约,规范行业行为,维护行业利益;调查研究中外行业发展及市场趋势,参与制定行业发展战略规划,向政府提出政策和立法建议,向社会提供信息与咨询服务;倡导科技进步,促进信息化建设,组织人才教育和培训;参与制定、修订国家行业标准,并组织贯彻实施;组织国际对话,开展行业外交,促进国际合作;开展认证推广工作;编辑、翻译出版认证方面的标准、期刊、书籍、文集和资料等;完成政府主管部门交办的工作。

中国认证认可协会的主要职能部门包括认证人员注册一部、认证人员注册二部、会员服务与自律监管部、培训开发与技术标准部等。

第四节 国际认证认可机构简介

4.1 国际认可论坛(IAF)

国际认可论坛(International Accreditation Forum,IAF),成立于1993年1月,是由世界范围内的合格评定认可机构和其他有意在管理体系、产品、服务、人员和其他相似领域内从事合格评定活动的相关机构共同组成的国际合作组织。IAF致力于在世界范围内建立一套唯一的合格评定体系,通过确保已认可的认证证书的可信度来减少商业及其顾客的风险。IAF认可机构成员对认证机构开展认可,认证机构向获证组织颁发认证证书以证明组织的管理体系、产品或者人员符合某一特定的标准(这类活动被称为合格评定)。IAF成员主要分为认可机构成员、辅助成员(包括认可的认证机构/检查机构成员、工业界/用户成员)、区域成员、伙伴成员四类。IAF的目标是遵循世界贸易组织(WTO)贸易技术壁垒协定(TBT)的原则,通过各国认可机构在相关认可制度等方面的广泛交流,促进和实现认证活动和结果的国际互认,减少或削除因认证而导致的国际贸易技术壁垒,促进国际贸易的发展。

一、国际认可论坛多边承认协议(IAF/MLA)

IAF建立了国际认可论坛多边承认协议(IAF/MLA)。通过IAF全面系统的国际同行评审,认可制度符合相关国际准则要求的国家认可机构签署IAF/MLA,由IAF/MLA的全体签约机构组成IAF/MLA集团,IAF/MLA集团现有签约认可机构共37个,我国认可机构是IAF/MLA集团的正式签约方。国家认可机构只有加入了IAF/MLA集团,才能表明其认可结果是等效的,带有该签约方认可标志的认证证书才具有国际等效性和互认性。

二、我国参与IAF的有关活动情况

1994年1月,我国首次派代表参加IAF的会议。

1995年6月,原中国质量体系认证机构国家认可委员会(CNACR)首批签署了IAF谅解备忘录。

1998年1月,IAF在中国广州召开了第11届全体会议以及IAF执委会、IAF/MLA管委会及各工作组会议。在这次会议上,包括中国在内的16个国家的国家认可机构获准首签了IAF/MLA(质量管理体系认证认可),其中CNACR是唯一获准首签IAF/MLA的发展中国家的认可机构。

1998年10月,原中国认证机构认可委员会(CNAB)在IAF第12届全体会议上签署了IAF/MLA(质量管理体系认证认可)。

2004年10月,原中国认证机构认可委员会(CNAB)在IAF第12届全体会议上签署了IAF/MLA(环境管理体系认证认可)。

目前,中国合格评定国家认可委员会(CNAS)已取代原中国认证机构认可委员会(CNAB),继续保持我国认可机构在IAF的正式成员地位和IAF质量管理体系认证认可、环境管理体系认证认可两个多边互认协议签约方的地位。CNAS秘书长肖建华现任IAF执行委员会委员,IAF多边互认协议委员会主席和IAF多边互认协议管理委员会主席。

4.2 太平洋认可合作组织(PAC)

太平洋认可合作组织(Pacific Accreditation Cooperation，PAC)，是由亚太经济合作组织成员经济体的认证机构、认可机构或类似合格评定机构、认可机构及利益相关方组成的协会。PAC 正式成立于 1994 年 10 月，现有 23 个成员。PAC 的使命是在认证机构认可或类似活动领域，支持亚太经济合作组织(APEC)、国际认可论坛(IAF)和世界贸易组织/技术性贸易壁垒协定(WTO/TBT)的宗旨与目标，代表亚太地区经济体的国家、区域和国际利益。PAC 的目标是在国际认可论坛(IAF)组织的管理体系、产品、服务、人员合格评定或类似合格评定制度的全球承认体系下，促进亚太地区贸易和商务的发展。

一、PAC 多边相互承认协议(MLA)

PAC 致力于在成员认可机构运作等效性的基础上签署和发展多边互认协议(MLA)。PAC/MLA 将有助于证明经过 MLA 签约方认可的认证机构能力的等效性，从而使这些认证机构颁发的证书的使用者对证书获得者有更大的信心，并通过鼓励在世界范围内接受有效的证书来为国际贸易提供便利，从而减少重复评审。

二、我国参与 PAC 有关活动情况

原中国质量体系认证机构国家认可委员会(CNACR)和原中国认证机构认可委员会(CNAB)是 PAC 的创始成员机构。原中国环境管理体系认证机构认可委员会(CACEB)于 1999 年加入 PAC。

1998 年 1 月，PAC 在中国广州召开了特别全体会议，CNACR 获准与其他 3 个国家认可机构首批签署了 PAC/MLA(质量管理体系认证认可)。1998 年 10 月，原中国认证机构认可委员会(CNAB)签署了 PAC/MLA(质量管理体系认证认可)。

2004 年 10 月，原中国认证机构认可委员会(CNAB)签署了 PAC/MLA(环境管理体系认证认可)。

目前，CNAS 已取代原中国认证机构认可委员会(CNAB)继续保持我国认可机构在 PAC 中多边互认协议方的地位。CNAS 秘书长肖建华曾于 1999 年 7 月至 2005 年 7 月连续担任两届 PAC 主席，主持 PAC 全面工作，现为 PAC 执行委员会委员。

4.3 IQNet 及认证合作活动

国际认证联盟(IQNet Association—The International Certification Network，IQNet)成立于 1990 年，总部设在瑞士，当时称为欧洲质量体系审核认证网(EQNet)，主要由欧洲的认证机构组成。从 1996 年开始，随着世界不同国家/地区知名认证机构的加入，组织结构日益壮大，1998 年正式更名为国际认证联盟。"改善您的生活品质"是 IQNet 一贯的宗旨和目标。IQNet 致力于通过各种可行、适宜的措施，推动、支持其成员机构推进质量管理，特别是对各个成员机构颁发的证书在所有成员范围内予以承认。

IQNet 是世界一流认证机构的联盟组织，目前拥有来自 33 个国家和地区的 37 个正式成员和副成员，它们分别为来自亚洲的中国、中国香港、马来西亚、日本、韩国、以色列，大洋洲的澳大利亚，欧洲的西班牙、法国、葡萄牙、比利时、意大利、捷克共和国、德国、丹麦、希腊、匈牙利、挪威、爱尔兰、奥地利、波兰、芬兰、斯洛文尼亚、瑞士、罗马尼亚、俄罗斯、克罗地亚、塞尔维

亚和门的内哥罗和美洲的加拿大、墨西哥、巴西、阿根廷、委内瑞拉、哥伦比亚。这些成员机构在世界范围内拥有200多家分支机构。

IQNet的组织机构包括全体大会、理事会、常务委员会。其中，常务委员会包括方针和政策常务委员会、开发和发展常务委员会、协调和最佳实践常务委员会、同行评审与资格常务委员会。

作为认证机构的代表，IQNet是许多国际组织的成员代表和观察员。这些组织包括IAF，EA，ISO/CASCO，ISO/TC 176，ISO/TC 207，QuEST Forum，EFQM，CIES，GFSI等。IQNet积极参与这些组织开展的各项活动。

IQNet成员机构至少为150个国家的200 000家公司/企业提供了认证；IQNet共计拥有10 000名审核员和5 000名技术专家，审核使用语言达30种。与全球其他600多家认证机构相比，IQNet占有30%的市场份额，在个别关键性认证领域的市场占有率高达90%。

2001年9月27日，中国质量认证中心（CQC）成为IQNet正式成员机构。CQC积极参与IQNet的各项工作，参加IQNet历届全体成员大会、A6会议，履行成员机构的各项义务和职责，并与各成员伙伴保持着紧密的联系。同时在各个领域深入开展合作，包括组织与成员机构的换证、开展联合审核、委托审核以及出具同等效力声明；与成员机构的信息沟通、经验交流、技术交流、培训教材的共享等。同时向国际认证同行宣传了CQC和中国认证机构在各领域开展认证活动的现状、经验和方向，展示了中国认证行业迅猛发展的实力。

第五节　审核员注册与管理

中国认证认可协会（CCAA）是国家认证认可监督管理委员会唯一授权的依法从事认证人员认证（注册）的机构，开展管理体系审核员、认证咨询师、产品认证检查员和认证培训教师等的认证（注册）工作。CCAA是国际人员认证协会（IPC）的全权成员，加入了IPC-QMS/EMS审核员培训与注册国际互认协议，人员注册结果在世界范围内得到普遍承认。

审核员是指有能力实施审核的人员。通过CCAA认证人员注册资格可证明注册人员：通过了严格的考核和评价，达到了注册准则和相关标准规定的个人能力；获得了在中国以及国际互认框架内普遍承认的认证人员从业资格；为认证活动相关方、聘用机构提供了基本的认证工作质量保证。目前，对内审员尚无国家统一注册的要求。

5.1　注册准则

CCAA遵循国际人员认证协会（IPC）等相关规定，制定了如下各类人员注册准则（见表1-2）。

表1-2　注册准则

CCAA-108	质量管理体系审核员注册准则（第2版）
CCAA-109	环境管理体系审核员注册准则（第2版）
CCAA-110	职业健康安全管理体系审核员注册准则（第2版）

续表

CCAA－117	食品安全管理体系审核员注册准则(第2版)
CCAA－129	强制性产品认证检查员注册准则(第2版)
CCAA－126	有机产品认证检查员注册准则
CCAA－124	饲料产品认证检查员注册准则
CCAA－118	质量管理体系认证咨询师注册准则
CCAA－119	环境管理体系认证咨询师注册准则
CCAA－120	职业健康安全管理体系认证咨询师注册准则

5.2 质量管理体系(QMS)审核员注册准则要点

下文简单介绍质量管理体系(QMS)审核员注册准则要点。

一、CCAA－QMS审核员注册资格

CCAA－QMS审核员注册资格分为实习审核员、审核员和高级审核员三个级别。

二、申请人资格经历要求

1. 教育经历

申请人应具有大专(含)以上高等教育学历。

2. 工作经历

申请人应具有至少4年技术或管理岗位的工作经历。

注：业务操作人员(如销售人员、医疗护理人员、财务出纳、设备操作人员、服务行业从事具体服务的人员等)的经历不能作为审核员注册时可接受的工作经历。

3. 质量管理工作经历

(1)申请人在全部工作经历中应具有至少2年与质量管理相关的工作经历。

(2)适宜的质量管理工作经历包括QMS的实施、运作、咨询、审核和科研教学等经历。

注："QMS的实施"经历指组织中业务管理部门的人员和组织中质量管理体系实施部门的负责人具体实施管理体系的经历。"QMS的运作"经历指组织中最高管理层、质量主管部门的人员策划、运行质量管理体系的经历。

4. 审核员培训经历

申请人应完成符合GB/T 19011—2003标准7.4条款相应规定的不少于40小时的QMS审核员培训；审核员培训机构应经CNCA批准，并提供其培训符合GB/T 19011标准7.4条款相应规定的证明或通过CCAA的课程确认。

CCAA确认要求和程序详见《CCAA审核员培训课程确认规则》。

注：申请人参加境外培训机构的培训，按照CCAA与相关机构的互认协议处理。

5. QMS 审核经历

(1)实习审核员注册申请人无 QMS 审核经历要求。

(2)审核员注册申请人 QMS 审核经历要求：

以实习审核员的身份,作为审核组成员在高级审核员的指导和帮助下完成至少 4 次完整的 QMS 审核,总的审核经历不少于 20 天并覆盖 GB/T 19001 标准所有条款,其中现场审核经历不少于 15 天。所有审核经历应当在申请前 3 年内获得,并完成 3.3.1 所规定的现场见证评价。

(3)高级审核员注册申请人 QMS 审核经历要求：

作为实习审核组长,在高级审核员的指导和帮助下,领导审核组完成至少 3 次完整的 QMS 审核,且总的审核经历不少于 15 天,其中现场审核经历不少于 10 天。所有审核经历应当在申请前 2 年内获得,并完成所规定的现场见证评价。

三、知识的考核

1. 笔试考核

实习审核员注册申请人应在注册申请前 3 年内通过 CCAA 统一组织的笔试,以证实其满足规定的知识要求。

审核员注册申请人在申请注册时,如果距离通过规定的笔试的时间不超过 4 年,无笔试要求,如超过 4 年,应再次通过笔试。

2. 面试考核

高级审核员注册申请人应在申请注册时,参加 CCAA 统一组织的面试考核,以证实其具备规定的高级审核员应具备的知识。

笔试、面试的内容、范围和方式,详见《CCAA-QMS 审核员考试大纲》。

5.3 环境管理体系(EMS)审核员注册准则要点

下文简单介绍环境管理体系(EMS)审核员注册准则要点。

一、CCAA-EMS 审核员注册资格

CCAA-EMS 审核员注册资格分为实习审核员、审核员和高级审核员三个级别。

二、申请人资格经历要求

1. 教育经历

申请人应具有大专(含)以上高等教育学历。

2. 工作经历

申请人应具有至少 4 年技术或管理岗位的工作经历。

注:业务操作人员(如销售人员、医疗护理人员、财务出纳、设备操作人员、服务行业从事具体服务的人员等)的经历不能作为审核员注册时可接受的工作经历。

3. 环境管理工作经历

(1)申请人在全部工作经历中应具有至少 2 年与环境管理相关的工作经历。

(2)适宜的环境管理工作经历包括 EMS 的实施、运作、咨询、审核和科研教学等经历。

注:"EMS 的实施"经历指组织中业务管理部门的人员和组织中环境管理体系实施部门的负责人具体实施管理体系的经历。"EMS 的运作"经历指组织中最高管理层、环境主管部门的人员策划、运行环境管理体系的经历。

4. 审核员培训经历

申请人应完成符合 GB/T 19011—2003 标准 7.4 条款相应规定的不少于 40 小时的 EMS 审核员培训；审核员培训机构应经 CNCA 批准，并提供其培训符合 GB/T 19011 标准 7.4 条款相应规定的证明或通过 CCAA 的课程确认。

5. EMS 审核经历

(1) 实习审核员注册申请人无 EMS 审核经历要求。

(2) 审核员注册申请人 EMS 审核经历要求：

以实习审核员的身份，作为审核组成员在高级审核员的指导和帮助下完成至少 4 次完整的 EMS 审核，总的审核经历不少于 20 天并覆盖 GB/T 24001 标准所有条款，其中现场审核经历不少于 15 天。所有审核经历应当在申请前 3 年内获得，并完成 3.3.1 所规定的现场见证评价。

(3) 高级审核员注册申请人 EMS 审核经历要求：

作为实习审核组长在高级审核员的指导和帮助下，领导审核组完成至少 3 次完整的 EMS 审核，且总的审核经历不少于 15 天，其中现场审核经历不少于 10 天。所有审核经历应当在申请前 2 年内获得，并完成 3.3.1 所规定的现场见证评价。

三、知识的考核

1. 笔试考核

实习审核员注册申请人应在注册申请前 3 年内通过 CCAA 统一组织的笔试，以证实其满足规定的知识要求。

审核员注册申请人在申请注册时，如果距离通过规定的笔试的时间不超过 4 年，无笔试要求，如超过 4 年，应再次通过笔试。

2. 面试考核

高级审核员注册申请人应在申请注册时，参加 CCAA 统一组织的面试考核，以证实其具备规定的高级审核员应具备的知识。

笔试、面试的内容、范围和方式，详见《CCAA－EMS 审核员考试大纲》。

5.4 职业健康安全管理体系(OHSMS)审核员注册准则要点

下文简单介绍环境管理体系(OHSMS)审核员注册准则要点。

一、CCAA－OHSMS 审核员注册资格

CCAA－OHSMS 审核员注册资格分为实习审核员、审核员和高级审核员三个级别。

二、申请人资格经历要求

1. 教育经历

申请人应具有大专(含)以上高等教育学历。

2. 工作经历

申请人应具有至少 4 年技术或管理岗位的工作经历。

注：业务操作人员(如：销售人员、医疗护理人员、财务出纳、设备操作人员、服务行业从事具体服务的人员等)的经历不能作为审核员注册时可接受的工作经历。

3. 职业健康安全管理工作经历

(1) 申请人在全部工作经历中应具有至少 3 年与职业健康安全管理相关的工作经历。

(2)适宜的职业健康安全管理工作经历包括 OHSMS 的实施、运作、咨询、审核和科研教学等经历。

注:"OHSMS 的实施"经历指组织中业务管理部门的人员和组织中职业健康安全管理体系实施部门的负责人具体实施体系的经历。"OHSMS 的运作"经历指组织中最高管理层、职业健康安全主管部门的人员策划、运行职业健康安全管理体系的经历。

4.审核员培训经历

申请人应完成符合 GB/T 19011—2003 标准 7.4 条款相应规定的不少于 40 小时的 OHSMS 审核员培训;审核员培训机构应经 CNCA 批准,并提供其培训符合 GB/T 19011 标准 7.4 条款相应规定的证明或通过 CCAA 的课程确认。

5.OHSMS 审核经历

(1)实习审核员注册申请人无 OHSMS 审核经历要求。

(2)审核员注册申请人 OHSMS 审核经历要求:

以实习审核员的身份,作为审核组成员在高级审核员的指导和帮助下完成至少 4 次完整的 OHSMS 审核,且总的审核经历不少于 20 天并覆盖 GB/T 28001 标准所有条款,其中现场审核经历不少于 15 天。审核经历应当在申请前 3 年内获得,并完成 3.3.1 所规定的现场见证评价。

(3)高级审核员注册申请人的 OHSMS 审核经历要求:

作为实习审核组长在高级审核员的指导和帮助下,领导审核组完成至少 3 次完整的 OHSMS 审核,且总的审核经历不少于 15 天,其中现场审核经历不少于 10 天。所有审核经历应当在申请前 2 年内获得,并完成 3.3.1 所规定的现场见证评价。

三、知识的考核

1.笔试考核

实习审核员注册申请人应在注册申请前 3 年内通过 CCAA 统一组织的笔试,以证实其满足规定的知识要求。

审核员注册申请人在申请注册时,如果距离通过规定的笔试的时间不超过 4 年,无笔试要求,如超过 4 年,应再次通过笔试。

2.面试考核

高级审核员注册申请人应在申请注册时,参加 CCAA 统一组织的面试考核,以证实其具备规定的高级审核员应具备的知识。

笔试、面试的内容、范围和方式,详见《CCAA-OHSMS 审核员考试大纲》。

5.5 相关法规关于审核员的有关规定

一、《中华人民共和国认证认可条例》

第十五条 认证人员从事认证活动,应当在一个认证机构执业,不得同时在两个以上认证机构执业。

第三十九条 从事评审、审核等认证活动的人员,应当经认可机构注册后,方可从事相应的认证活动。

二、《认证及认证培训、咨询人员管理办法》(国家质检总局令 2004 年第 61 号)

第七条 国家公务员不得从事认证、认证咨询和认证培训活动。

第八条 认证人员不得受聘于认证咨询机构,或者以任何方式从事认证咨询活动。

第十条 认证咨询人员不得受聘于认证机构,或者以任何方式从事认证活动。

三、《关于认证及认证培训、咨询人员注册有关问题的通知》(国认可[2004]70 号)

按照国家有关人员和劳动保障的规定,并参考国际通行做法,国家认监委决定从 2005 年 1 月 1 日起,原中国认证人员与培训机构国家认可委员会(CNAT)不再受理年龄在 65 周岁(含 65 周岁,下同)以上人员的各类认证审核员(检查员,含实习),认证培训教师、认证咨询师以及各类认可评审员的注册和换证申请。

四、《关于认证咨询人员确认注册资格有关问题的通知》(国认可[2006]131 号)

国家认监委决定,自 2007 年 1 月 1 日起,所有认证从业人员不得同时具有认证审核员、认证咨询师两个注册资格。

第二章 审核知识

GB/T 19011—2013 管理体系审核指南理解与实施

中华人民共和国国家质量监督检验检疫总局与中国国家标准化管理委员会于 2013 年 12 月 17 日发布，并于 2014 年 4 月 1 日正式实施 GB/T 19011—2013/ISO 19011:2011《管理体系审核指南》。

该标准是 GB/T 19000 族标准之一，等同采用了 ISO 19011:2011《管理体系审核指南》（英文版），该标准代替 GB/T 19011—2003《质量和（或）环境管理体系审核指南》。

本标准不陈述要求，而是提供关于审核方案管理和管理体系审核的策划和实施以及审核员和审核组能力评价的指南。

组织可以运行多个管理体系，使用者可以结合自身具体情况实施该指南。

本标准拟适用于广泛的潜在使用者，包括审核员、实施管理体系的组织以及由于合同或法律法规要求需要实施管理体系审核的组织。本标准的使用者可以应用这些指南制定其与审核相关的要求。

本标准的指南可以用于自我声明，也适用于从事审核员培训或人员注册的组织。

正如本标准所述，应根据组织管理体系的规模、成熟度水平、受审核组织的性质和复杂程度及所实施审核目标和范围的不同，灵活使用本指南。

本标准引入了管理体系审核风险的概念。所采用的方法与未达到审核目标的审核过程风险相关，也与被审核组织的活动和过程的潜在干扰有关。本标准不提供针对组织的风险管理过程的具体指南，然而鼓励组织审核时关注管理体系的重大事项。

本标准采用的方法适用于两个或更多不同领域的管理体系共同审核（称之为"结合审核"）的场合。当这些管理体系整合为一个管理体系时，审核原则和过程与结合审核相同。

第 3 章规定了本标准所使用的关键术语和定义，以确保这些定义与其他标准中的定义不发生冲突。

第 4 章描述了审核所依据的原则。这些原则有助于使用者理解审核的本质，对于理解第 5～7 章中所描述的指南也很重要。

第 5 章提供了关于建立和管理审核方案、确立审核方案目标以及协调审核活动的指南。

第 6 章提供了关于策划和实施管理体系审核的指南。

第 7 章提供了有关管理体系审核员和审核组能力评价的指南。

附录 A 提供了针对不同领域应用第 7 章中指南的示例。
附录 B 为审核员提供了策划和实施审核的补充指南。

第一节 范 围

本标准提供了管理体系审核的指南,包括审核原则、审核方案的管理和管理体系审核的实施,也对参与管理体系审核过程的人员的能力提供了评价指南,这些人员包括审核方案管理人员、审核员和审核组长。

本标准适用于需要实施管理体系内部审核、外部审核或需要管理审核方案的所有组织。

只要对所需要的特定能力给予特殊考虑,本标准有可能应用于其他类型的审核。

【理解要点】

(1)本标准不仅提供了管理体系审核的指南,而且对参与管理体系审核过程的人员的能力提供了评价指南。

(2)具有广泛的适用性,适用于外部审核、内部审核和各类管理体系的审核,也为多领域结合审核提供了指南。

(3)具有灵活性,只要对审核人员所需要的特定能力给予考虑,本标准可应用于其他类型的审核。

第二节 规范性引用文件

本标准无规范性引用文件。列出本节是为了与其他管理体系标准的条款编号相一致。

【理解要点】

(1)这是国际标准中关于标准和其他引用性标准之间关系的规范性用语。

(2)关于国际标准的一些基本知识。

ISO 是国际标准化组织(International Organization for Standardization)的英文简称,是由多国联合组成的非政府机构,成立于 1947 年。到目前为止,ISO 有正式成员国 120 多个,我国是其中之一。ISO 的宗旨:在世界范围内促进标准化工作及其有关活动的开展,以利于国际物资交流和相互服务,并且发展在科技界及经济活动方面的合作。

ISO 的技术工作是通过技术委员会(简称 TC)来进行的。根据工作需要,每个技术委员会可以设若干分委员会(简称 SC),TC 和 SC 下面还可设立若干工作组(简称 WG)。例如:ISO/TC 176 负责制定 ISO 9000 质量管理体系系列标准,ISO/TC 207 负责制定环境管理体系标准。目前,ISO 共有 TC,SC 和 WG 约 2 850 个,技术委员会和分委会各有一个主席和秘书处,秘书处由各成员国分别担任,各秘书处与位于日内瓦的 ISO 中央秘书处保持直接联系。

ISO 标准的形成过程:第一是工作组草案阶段(WD1,WD2,…),第二是技术委员会草案阶段(CD1,CD2,…),第三是国际标准草案阶段(ISO/DIS),第四是最终草案阶段(ISO/FDIS),第五是由技术委员会通过的国际标准草案提交各成员团体表决,需取得至少 75% 参加表决的成员团体的同意,才能作为国际标准正式发布。

ISO标准内容涉及的技术领域广泛。到目前为止,ISO已制定出国际标准共12 000多个,如ISO的公制螺纹、ISO的A4纸线尺寸、ISO的集装箱系列(目前世界上95%的海运集装箱都符合ISO标准)、ISO的胶片速度代码、ISO的电话卡及信用卡标准、ISO金属缆绳安全标准、著名的ISO 9000族质量管理标准和ISO 14000环境管理标准等。

ISO工作的发展不仅表现在标准数量惊人地增长,同时也表现在其工作领域的不断拓宽,从螺纹、紧固件发展到信息处理、交通运输、卫生与安全、环境保护、人类工效学、太阳能、外层空间等方面。由产品技术标准发展到管理标准,其中最成功的就是ISO 9000族标准和ISO 14000系列标准。

ISO制定的标准推荐给世界各国采用,是非强制性标准。但是,由于ISO颁布的标准在世界上具有很强的权威性、指导性和通用性,对世界标准化进程起着十分重要的作用,所以各国都非常重视ISO标准。许多国家的政府部门、工业部门及有关方面都十分重视在ISO中的地位和作用,通过参加技术委员会、分委员会及工作小组的活动,积极参与ISO标准制定工作。目前ISO的200多个技术委员会正在不断地制定新的产品、工艺及管理方面的标准。

ISO与IEC(国际电工委员会)、ITU(国际电信联盟)有着密切的联系。IEC与ISO一样,也是非政府机构。而ITU则是联合国的一部分,其成员为各国政府。为促进全球自由和公正贸易这一共同的目标,ISO与WTO(国际贸易组织)也建立了合作关系,在不断发展的WTO事务中起着特殊的技术支持作用。ISO还与约500个关注其特定标准工作的国际或地区组织建立了广泛的联系。除了IEC负责的电子电工工程以外,ISO涉及所有的技术领域。信息技术领域的工作,是由ISO与IEC联合组成的技术委员会(JTC1)负责的。迄今为止,ISO 9000标准是全世界应用最广泛和最多的标准。

第三节　术语和定义

3.1　审核　Audit

为获得审核证据(3.3)并对其进行客观的评价,以确定满足审核准则(3.2)的程度所进行的系统的、独立的并形成文件的过程。

注1:内部审核,有时称第一方审核,由组织自己或以组织的名义进行,用于管理评审和其他内部目的(例如确认管理体系的有效性或获得用于改进管理体系的信息),可作为组织自我合格声明的基础。在许多情况下,尤其在中小型组织内,可以由与正在被审核的活动无责任关系、无偏见以及无利益冲突的人员进行,以证实独立性。

注2:外部审核包括第二方审核和第三方审核。第二方审核由组织的相关方,如顾客或由其他人员以相关方的名义进行。第三方审核由独立的审核组织进行,如监管机构或提供认证或注册的机构。

注3:当两个或两个以上不同领域的管理体系(如质量、环境、职业健康安全)被一起审核时,称为结合审核。

注4:当两个或两个以上审核组织合作,共同审核同一个受审核方(3.7)时,称为联合审核。

注5:改写GB/T 19000—2008,定义3.9.3。

【理解要点】

1. 审核活动首先是一项系统的、独立的、并形成文件的过程

(1)所谓"系统的",是指审核活动必须是一项正式、有序的审查活动。"正式"主要是指外部审核是按合同进行的,内部审核是由企业最高领导层授权的;"有序"则是指审核须按选定的管理体系标准、文件有组织地进行。审核活动应按审核计划和检查表进行。

(2)所谓"独立的",是指应保持审核的独立性和公正性。审核员应被专门授权才能进行审核,而且是与受审核的活动无责任关系、无偏见以及无利益冲突的人员。审核员在审核中应坚持以标准为准绳、以客观事实为依据的原则,不屈服任何方面的压力,也不迁就任何方面的需要;在第三方审核的情况下,不得对受审核方既提供咨询又进行审核等。

(3)所谓"形成文件的"是指从审核的启动直到审核结束全过程都会形成相应的文件,例如审核委托书、文件审核报告、审核计划、检查表、不符合项报告、审核报告、审核跟踪报告等。

2. 审核的主要内容

审核过程主要是通过问、查、看等方法,寻找受审核方管理体系有效运行的审核证据,然后对这些审核证据进行客观评价,以确定满足审核准则的程度。这类似于财务审计,即审计人员通过查账(查阅大量的财务凭证),然后对这些证据进行客观评价,最后给出财务管理体系是否符合相关的财务管理规定。

3. 管理体系审核的分类

(1)按审核员或其名义划分。

1)第一方审核。

• 定义:内部审核,有时称第一方审核,由组织自己或以组织名义进行,用于组织体系的自我完善,可作为组织自我合格声明的基础。在许多情况下,尤其在小型组织内,可以由与正在被审核的活动无责任关系、无偏见以及无利益冲突的人员进行,以证实独立性。

• 主要理由:

—相关标准(如 QMS/EMS/OHSMS 标准)要求;

—增强满足相关方要求的能力,旨在相关方满意;

—外部审核前,及时采取纠正/预防措施;

—推动组织管理体系持续改进。

• 内审员:多重角色。

2)第二方审核。

• 定义:第二方审核由组织的相关方(如顾客)或由其他人员以相关方的名义进行。

• 主要理由:

—相关标准(如 QMS 标准)要求;

—为确保产品符合规定的采购要求;

—建立互利的供方关系。

• 第二方审核员:双刃剑。

3)第三方审核。

• 定义:第三方审核由独立的审核组织进行,如监管机构或提供认证或注册的机构,这类组织提供符合要求的认证/注册。当两个或两个以上审核组织合作,共同审核同一个受审核方

时,这种情况称为联合审核。
- 主要理由:
—认证/注册机构对组织能力的证实;
—证实组织提供合格产品、满足顾客要求及适用法律法规要求的能力;
—避免不必要的第二方审核;
—改进组织 QMS/EMS/OHSMS;
—提高组织的信誉,增强市场竞争能力。
- 第三方审核员:经过批准/注册。

第一方、第二方、第三方审核的比较见表2-1。

表2-1 三种审核方式的比较

类型 项目	内部审核	外部审核	
	第一方审核	第二方审核	第三方审核
审核准则	组织管理体系文件 合同要求 法律法规 标准	合同要求 标准 法律法规 供方管理体系文件	标准 法律法规 受审核方管理体系文件 合同要求
审核覆盖面	全面审核 部分审核	合同要求	注册认证或复审换证为全面审核; 监督审核、跟踪审核为部分审核
审核员	来自组织	顾客或其代表	独立的认证/注册机构
权力	表面上很小	依合同总值决定	表面上很大
建议	要提出	取决于顾客方针	不提出
审核时间	按策划的时间间隔和组织决定	双方商定	按《IAF 导则 62 应用指南》规定的人/天数

(2)按管理体系标准划分。
1)质量管理体系(QMS)审核;
2)环境管理体系(EMS)审核;
3)职业健康安全管理体系(OHSAS)审核等。
当两个或两个以上体系被一起审核时,称为结合审核(Combined Audit)。
(3)按审核范围划分。
1)常规审核(全面审核)。常规审核是指对管理体系进行的定期的全面审核,是为完善管理体系或取得认证注册而进行的。
2)专项审核(部分审核)。专项审核是指由于不同需要而对管理体系要素有选择性的审核,是为改进或重点审核某部分工作而进行的。例如:设计质量审核、采购质量审核等。
3)跟踪审核。跟踪审核也是一种专项审核。不同之处在于,跟踪审核主要用以验证前次审核后纠正措施是否实施并有效,不符合项是否得到处置。

4)监督审核。监督审核也是一种专项审核。不同的是,监督审核主要用以验证其是否持续满足认证标准的要求,这是促使管理体系有效保持和不断改进的主要手段。

3.2 审核准则 Audit Criteria

用于与审核证据(3.3)进行比较的一组方针、程序或要求。

注1:改写 CB/T 19000—2008,定义 3.9.3。

注2:如果审核准则是法律法规要求,术语"合规"或"不合规"常用于审核发现(3.4)。

【理解要点】

(1)审核准则是用作与审核证据进行比较的依据;

(2)标准要求,如 GB/T 19001—2016,GB/T 24001—2016,GB/T 28001—2011;

(3)相关方要求,如顾客提出的合同要求;

(4)相关的法律法规要求;

(5)组织自身制定的管理体系文件要求,包括管理体系手册、程序文件等。

3.3 审核证据 Audit Evidence

与审核准则(3.2)有关的并且能够证实的记录、事实陈述或其他信息。

注:审核证据可以是定性的或定量的。

[GB/T 19000—2008,定义 3.9.4]

【理解要点】

(1)客观证据是反映定性或定量的信息、记录或事实陈述。这里强调定性或定量的,是因为要尊重事实、证据,定性要求真实准确,定量要求数据化。

(2)存在的客观事实可以成为客观证据,而主观分析、推断、臆测要发生的事不能成为客观证据。

(3)被访问的、对受审核的质量、环境和职业健康安全活动负有责任的人的谈话可以成为客观证据,而传闻、陪同人员或其他与受审核活动无关人员的谈话不能成为客观证据。但要注意"对于面谈获得的信息应通过实际观察、测量和记录等渠道予以验证"。

(4)现行有效的管理文件中的规定和各种有效记录可以成为证明当前发生的管理体系活动的客观证据,而已作废的管理文件中的规定和经擅自修改过的记录不能成为证明当前发生的体系管理活动的客观证据。

(5)审核证据必须与本次的审核准则相关。一个组织可能包含方方面面的事情,作为审核员仅收集与本次审核准则相关的证据。

总之,在审核过程中,客观证据的概念类似于法庭上鉴定人证明的概念。

3.4 审核发现 Audit Findings

将收集的审核证据(3.3)对照审核准则(3.2)进行评价的结果。

注1:审核发现表明符合或不符合。

注2:审核发现可引导识别改进的机会或记录良好实践。

注3:如果审核准则选自法律法规要求或其他要求,审核发现可表述为合规或不合规。

注4:改写 GB/T 19000—2008,定义 3.9.5。

【理解要点】

(1)审核发现能表明符合或不符合审核准则,或指出改进的机会。

(2)不要理解为审核发现仅指不符合的情况,同时也是发现符合的证据。

3.5 审核结论　Audit Conclusion

为考虑了审核目标和所有审核发现(3.4)后得出的审核(3.1)结果。

注:改写 GB/T 19000—2008,定义 3.9.6。

【理解要点】

审核证据、审核发现和审核结论三者之间的关系如图 2-1 所示。

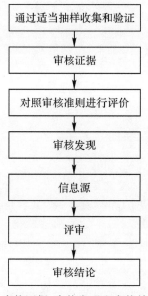

图 2-1　审核证据、审核发现和审核结论的关系

3.6 审核委托方　Audit Client

要求审核(3.1)的组织或人员。

注1:对于内部审核,审核委托方可以是受审核方(3.7)或审核方案管理人员;对于外部审核,可以是监管机构、合同方或潜在用户。

注2:改写 GB/T 19000—2008,定义 3.9.7。

【理解要点】

(1)审核委托方可以是受审核方(3.7),也可以是依据法律法规或合同有权要求审核的任何其他组织。

(2)对内审而言,审核委托方即受审核组织本身。

3.7 受审核方 Auditee

被审核的组织。

[GB/T 19000—2008,定义 3.9.8]

【理解要点】

对内审而言,受审核方指的是本组织自身,即第一方审核。

3.8 审核员 Auditor

实施审核(3.1)的人员。

【理解要点】

(1)对外审而言,审核员必须获得中国认证认可协会(CCAA)的注册。

(2)对内审而言,我国目前尚未出台内审员统一注册制度,但应该经过培训,取得内审员资格。

3.9 审核组 Audit Team

实施审核(3.1)的一名或多名审核员(3.8),需要时,由技术专家(3.10)提供支持。

注1:审核组中的一名审核员被指定作为审核组长。

注2:审核组可包括实习审核员。

[GB/T 19000—2008,定义 3.9.10]

【理解要点】

(1)指定审核组中的一名审核员为审核组长。

(2)审核组可包括实习审核员。

3.10 技术专家 Technical Expert

向审核组(3.9)提供特定知识或技术的人员。

注1:特定知识或技术是指与受审核的组织、过程或活动以及语言或文化有关的知识或技术。

注2:在审核组(3.9)中,技术专家不作为审核员(3.8)。

[GB/T 19000—2008,定义 3.9.11]

【理解要点】

(1)特定知识或技术是指与受审核的组织、过程或活动、语言或文化有关的知识或技术。在内审中一般不需要技术专家。

(2)在第三方审核中,在审核组中,技术专家不作为审核员(3.8)。

3.11 观察员 Observer

伴随审核组(3.9)但不参与审核的人员。

注1:观察员不属于审核组(3.9),也不影响或干涉审核(3.1)工作。

注2:观察员可来自受审核方(3.7)、监管机构或其他见证审核(3.1)的相关方。

【理解要点】

观察员来自不同的相关方,有不同的目的,陪同审核组但不属于审核组,既不参与审核,也不影响或干扰审核的进行,观察员应承担由审核委托方和受审核方约定的与健康安全、保安和保密相关的义务。

3.12　向导　Guide

由受审核方(3.7)指定的协助审核组(3.9)的人员。

【理解要点】

受审核方指派的向导应协助审核组并根据审核组长的要求行动。向导的职责如下:

——协助审核员确定面谈的人员并确认时间安排;

——安排访问受审核方的特定场所;

——确保审核组成员和观察员了解和遵守有关场所的安全规则和安全程序。

向导的作用也可包括以下几方面:

——代表受审核方对审核进行见证;

——在收集信息的过程中,做出澄清或提供帮助。

3.13　审核方案　Audit Programme

针对特定时间段所策划并具有特定目标的一组(一次或多次)审核(3.1)。

注:改写 GB/T 19000—2008,定义 3.9.2。

【理解要点】

(1)审核方案包括策划、组织和实施审核所必要的所有活动。

(2)对内审而言,审核方案一般指年度审核工作方案或年度审核计划。

3.14　审核范围　Audit Scope

审核(3.1)的内容和界限。

注:审核范围通常包括对实际位置、组织单元、活动和过程,以及审核所覆盖的时期的描述。

【理解要点】

(1)审核范围通常包括实施审核活动所覆盖的受审核方组织单元、管理体系所涉及的实际位置、实施审核活动所涉及的活动与过程、实施审核活动所覆盖的时期。

(2)第一方审核,即内部审核,其审核范围由组织的最高管理者确定;第二方审核,顾客为其购买的目的进行审核,其审核范围主要由顾客决定;第三方认证/注册,审核范围应由审核委托人或受审核方与认证/注册机构一起确定。

(3)管理体系审核关注受审核组织或部门在所处的位置、管理体系所控制运行时间段内产品实现和服务提供与其他支持的活动过程;环境管理体系审核关注受审核组织或部门所处的的位置、管理体系所运行的时间段内对重要环境因素的控制;职业健康安全管理体系审核关注受审核组织或部门所处的位置、管理体系所运行的时间段内对在场人员伤害和健康损害的危险源的控制。

3.15 审核计划 Audit Plan

对审核(3.1)活动和安排的描述。
[GB/T 19000—2008,定义3.9.12]
【理解要点】
对内审而言,指某次实施内审的计划。

3.16 风险 Risk

不确定性对目标的影响。
注:改写ISO指南73:2009,定义1.1。
【理解要点】
就审核而言,由于审核内外部环境的不确定性,造成对达成审核目标的影响程度。

3.17 能力 Competence

应用知识和技能获得预期结果的本领。
注:本领表示在审核过程中个人行为的适当表现。
【理解要点】
对内审员而言,审核员的实际能力可以通过实践来验证。

3.18 合格(符合) Conformity

满足要求。
[GB/T 19000—2008,定义3.6.1]
【理解要点】
对审核而言,合格是指符合审核准则的要求。

3.19 不合格(不符合) Nonconformity

未满足要求。
[GB/T 19000—2008,定义3.6.2]
【理解要点】
对审核而言,不合格是指不符合审核准则的要求。

3.20 管理体系 Management System

建立方针和目标并实现这些目标的体系。
注:一个组织的管理体系可包括若干个不同的管理体系,如质量管理体系、财务管理体系或环境管理体系。
[GB/T 19000—2008,定义3.2.2]
【理解要点】
(1)体系是相互关联或相互作用的一组要素,管理是指挥和控制组织的协调的活动,管理体系,则是建立方针和目标并实现这些目标的体系。

（2）一个组织的管理体系可包括若干个不同的管理体系，比如质量管理体系、环境管理体系、职业健康安全管理体系、能源管理体系、风险管理体系和财务管理体系等。

第四节 审核原则

审核的特征在于其遵循若干原则。这些原则有助于审核成为支持管理方针和控制的有效与可靠的工具，并为组织提供可以改进绩效的信息。遵循这些原则是得出相应和充分的审核结论的前提，也是审核员独立工作时，在相似的情况下得出相似结论的前提。

1. 诚实正直：职业的基础

审核员和审核方案管理人员应努力做到：

——以诚实、勤勉和负责任的精神从事他们的工作；

——了解并遵守任何适用的法律法规要求；

——在工作中体现他们的能力；

——以不偏不倚的态度从事工作，即对待所有事务保持公正和无偏见；

——在审核时，对可能影响其判断的任何因素保持警觉。

2. 公正表达：真实、准确地报告的义务

审核发现、审核结论和审核报告应真实和准确地反映审核活动。应报告在审核过程中遇到的重大障碍以及在审核组和受审核方之间没有解决的分歧意见。沟通必须真实、准确、客观、及时、清楚和完整。

3. 职业素养：在审核中勤奋并具有判断力

审核员应珍视他们所执行的任务的重要性以及审核委托方和其他相关方对他们的信任。在工作中具有职业素养的一个重要因素是能够在所有审核情况下做出合理的判断。

4. 保密性：信息安全

审核员应审慎使用和保护在审核过程获得的信息。审核员或审核委托方不应为个人利益不适当地或以损害受审核方合法利益的方式使用审核信息。这个概念包括正确处理敏感的、保密的信息。

5. 独立性：审核的公正性和审核结论的客观性的基础

审核员应独立于受审核的活动（只要可行时），并且在任何情况下都应不带偏见，没有利益上的冲突。对于内部审核，审核员应独立于被审核职能的运行管理人员。审核员在整个审核过程应保持客观性，以确保审核发现和审核结论仅建立在审核证据的基础上。

对于小型组织，内审员也许不可能完全独立于被审核的活动，但是应尽一切努力消除偏见和体现客观。

6. 基于证据的方法

在一个系统的审核过程中，得出可信的和可重现的审核结论的合理的方法，审核证据应是能够验证的。由于审核是在有限的时间内并在有限的资源条件下进行的，因此审核证据建立在可获得的信息样本的基础上。应合理地进行抽样，因为这与审核结论的可信性密切相关。

第五节 审核方案的管理

该指南针对审核方案的管理介绍了六方面的内容：总则；确立审核方案的目的；建立审核方案；实施审核方案；监视审核方案；评审和改进审核方案。这些要求非常适用于认证机构（第三方审核）加强内部控制。对内审而言，审核方案主要是指组织的年度审核工作计划。本教程主要讲解组织内部审核所涉及的有关内容。

5.1 总则

需要实施审核的组织应建立审核方案，以便确定受审核方管理体系的有效性。审核方案可以包括针对一个或多个管理体系标准的审核，可单独实施，也可结合实施。

最高管理者应确保建立审核方案的目标，并指定一个或多个胜任的人员负责管理审核方案。审核方案的范围与程度应基于受审核组织的规模和性质，以及受审核管理体系的性质、功能、复杂程度以及成熟度水平。应优先配置审核方案所确定的资源，以审核管理体系的重大事项。这些重大事项可能包括产品质量的关键特性、健康和安全的相关危险源或重要环境因素及其控制措施。

审核方案应包括在规定的期限内有效和高效地组织和实施审核所需的信息和资源，并可以包括以下内容：

——审核方案和每次审核的目标；
——审核的范围与程度、数量、类型、持续时间、地点、日程安排；
——审核方案的程序；
——审核准则；
——审核方法；
——审核组的选择；
——所需的资源，包括交通和食宿；
——处理保密性、信息安全、健康和安全，以及其他类似事宜的过程。

应监视和测量审核方案的实施以确保达到其目标，应评审核方案以识别可能的改进。

5.2 审核方案与审核计划的区别与联系

(1)一组审核与某一次特定审核的关系。
(2)审核计划是审核方案的记录。
(3)管理人员不同。
(4)管理方法不同。
(5)对管理人员的能力要求不同：

——审核方案管理人员要求基本了解审核原则、审核员能力和审核技术应用，具有管理技能，了解与受审核活动相关的技术和业务；
——审核组长要求具备审核员的通用和特定能力，以及组织和领导审核组的能力。

(6)审核方案与审核计划的内容不同。

(7)审核方案的目标可以包括下列各项：

——促进管理体系及其绩效的改进；

——满足外部要求，例如管理体系标准认证；

——验证与合同要求的符合性；

——获得和保持对供方能力的信心；

——确定管理体系的有效性；

——评价管理体系的目标与管理体系方针、组织的总体目标的兼容性和一致性。

5.3 内审工作的策划

1. 领导重视

这是内审的关键，主要表现在：

(1)在管理层中认真研究如何建立内部审核的组织机构；

(2)应分配相关职责和权限，确保管理体系符合标准要求，并向最高管理者报告管理体系的绩效。

2. 最高管理者亲自抓

确保按照管理体系标准的规定建立、实施和保持管理体系。

3. 要有一个职能部门来管理

内审是一项长期的正规的工作，需要有一个常设机构来实施，而不能由一个临时性机构来进行。一般可由"质管处""质量保证部""企管办"等类似职能机构承担。

4. 要组建一支合格的内审员队伍

内审需要一批具备审核能力的审核员。因此，培训内审员是一项重要工作。应在组织内与全面管理体系有关的部门中，选择一些熟悉业务、了解管理体系基本知识，并具有一定学历、职称和工作经验、交流表达能力较强和正直的人员，经过具有国家认可资格的培训机构实施的专业培训，使之成为内审员。一般情况下，最好在采购、销售、技术、检验和生产（或业务）部门中培养若干名兼职内审员，以满足工作需要。为了树立内审的权威性，所有经过培训的内审员经过考核后，最好由组织最高管理者正式任命。

5. 要有一套正规的程序

内审需要有一套正确的做法。应编制一份"内审程序"，明确规定内审目的、范围、执行者的职责以及具体的实施方法。（见本教程附录1××建筑公司内部审核控制程序）

6. 建立管理体系时应考虑内审工作

有许多组织在建立管理体系时培养了一批骨干来编写管理体系文件，这批骨干同时也成为以后的内审员。

总之，内审工作需要本组织最高管理层的重视和支持，需要管理者代表和职能部门的精心策划和实施，需要有一批合格称职的内审员的全力投入，也需要一套正规、完善的程序和办法。

5.4 年度内审计划

年度审核计划是对一年内部审核的合理安排，以文件形式发布。

1. 制定年度审核计划的目的
(1) 保证内部审核的实施有计划地进行;
(2) 便于管理、监督和控制内部审核;
(3) 年内对所有部门和要素全部覆盖,并突出关键部门和要素。

2. 年度审核计划应考虑的因素
(1) 每次审核的范围、目的和审核时间;
(2) 审核的频次;
(3) 受审核活动的数量、重要性、复杂性、相似性和地点;
(4) 标准、法律法规和合同的要求及其他审核准则;
(5) 顾客、认证机构的要求;
(6) 以往的审核结论或以往的审核方案的评审结果;
(7) 语言、文化和社会因素;
(8) 相关方的关注点;
(9) 组织或其运作的重大变化。

3. 年度审核计划的类型
(1) 集中式年度审核计划。

主要特点:

第一,在某计划时间内安排的集中式审核,每次审核可针对全部适用要素及相关部门,也可针对某些要素或部门;

第二,审核后的纠正及其跟踪在限定时间内完成;

第三,审核的时机大多为新建管理体系试运行后或管理体系有重大变化时或外部审核前或发生重大事故时或领导认为需要时。

(2) 滚动式年度审核计划。

主要特点:

第一,审核持续时间较长;

第二,审核和审核后的纠正及其跟踪陆续展开;

第三,在一个审核时期内应保证所有适用要素及相关部门得到审核;

第四,重要的要素和部门可安排多频次。

4. 内审的时机和频次

内审一般可以分为例行的常规审核和特殊情况下的追加审核两类。前者按预先编制的年度计划进行。每年应覆盖所有部门(或过程)至少一次。这样的审核往往开始于管理体系建立并试运行一段时间之后。频次开始时可以多一些,待体系运行基本正常后,可以减少到正常所需水平。目前,一些组织都实行每年 1~2 次集中审核各部门和各过程的例行审核。

特殊情况是指下列情况:

(1) 发生了严重的质量问题或事故(或环境污染事件或出现重大安全事故)或用户有严重投诉;

(2)组织的领导层、隶属关系、内部机构、产品、方针和目标、生产技术及装备以及生产场所等有较大改变；

(3)即将进行第二、第三方审核或法律、法规规定的审核；

(4)第三方审核后获得认证注册资格和证书,而证书即将到期又希望继续保持认证资格。

在上述几种情况下,往往需要临时组织一次特殊的追加内部审核。

内部审核的时机和频次应由本组织的主管部门研究具体情况后提出,由相关的管理者(老版标准称其为管理者代表)报请最高管理者决定后实施。

第六节 实施审核

6.1 总则

本条款为作为审核方案一部分的审核活动的准备与实施提供了指南。其适用程度取决于特定审核的目标和范围。一个典型的审核活动共包括审核的启动、审核活动的准备、审核活动的实施、审核报告的编制和分发、审核的完成和审核后续活动的实施6个过程,20个子过程。图2-2给出了典型的审核活动描述。

审核员在审核前,应关注企业不良信息情况,根据CQC MSWM 11-01《认证评审指南》要求,审核前需关注并查询以下网站:"全国企业信用信息公示系统",查询网址http://gsxt.saic.gov.cn/,"产品质量监督抽查信息公众服务平台",查询网址http://www.aqsiq.gov.cn/,"陕西省质量技术监督局产品质量监督抽查公告",查询网址http://www.snqi.gov.cn/,还有相关环保及安监网站,查是否有挂牌督办的企业。对于有不良信息的企业,在审核时要予以关注企业的整改情况,收集整改证据或书面说明,并在审核记录和报告中作为企业守法情况的内容进行描述。

6.2 审核的启动

6.2.1 总则

从审核开始直到审核完成(6.6),指定的审核组长(5.4.5)都应对审核的实施负责。启动一项审核应考虑图2-2中的步骤;然而,根据受审核方、审核过程和具体情形的不同,顺序可以有所不同。

对第三方审核而言,审核启动前一般包括下列工作：

(1)组织(或审核委托方)向第三方认证机构提出审核要求；

(2)认证机构对审核要求进行评审；

(3)双方签订认证注册协议,其认证价格应符合中国认证认可协会制定的《认证机构公平竞争规范——管理体系认证价格暂行规定》。

对内审而言,审核启动前的工作比较简单,一般根据年度审核工作计划,提前下发内审通知即可启动本次内审工作。

第二章 审核知识

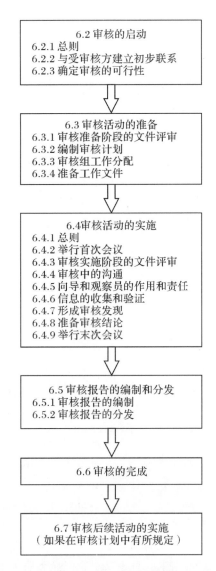

图 2-2 典型的审核活动

注：图中的条款号与本标准中的条款号相对应。

6.2.2 与受审核方建立初步联系

审核组长应与受审核方就审核的实施进行初步联系，联系可以是正式的，也可以是非正式的。建立初步联系的目的如下：

(1) 与受审核方的代表建立沟通渠道；
(2) 确认实施审核的权限；
(3) 提供有关审核目标、范围、方法和审核组组成（包括技术专家）的信息；
(4) 请求有权使用用于策划审核的相关文件和记录；
(5) 确定与受审核方的活动和产品相关的适用法律法规要求、合同要求和其他要求；
(6) 确认与受审核方关于保密信息的披露程度和处理的协议；
(7) 对审核做出安排，包括日程安排；

(8)确定特定场所的访问、安保、健康安全或其他要求;
(9)就观察员的到场和审核组向导的需求达成一致意见;
(10)针对具体审核,确定受审核方的关注事项。

对内审而言,审核组长可参照上述内容,与受审核部门负责人建立沟通和联系。

6.2.3 确定审核的可行性

应确定审核的可行性,以确信能够实现审核目标。确定审核的可行性应考虑是否具备以下因素:

(1)策划和实施审核所需的充分和适当的信息;
(2)受审核方的充分合作;
(3)实施审核所需的足够时间和资源。

当审核不可行时,应向审核委托方提出替代建议并与受审核方协商一致。

对内审而言,内审的主管部门负责确定本次内审的可行性。在确定审核可行性时要重点考虑:前期策划准备工作是否充分;内审时间是否适合组织;内审员的资源是否充分。

当认为本次内审不可行时,应当及时向管理层汇报,采取相应措施。

6.3 审核活动的准备

6.3.1 审核准备阶段的文件评审

应评审受审核方的相关管理体系文件以收集信息,例如过程、职能方面的信息,以准备审核活动和适用的工作文件(6.3.4);了解体系文件范围和程度的概况以发现可能存在的差距。

一、质量管理体系(QMS)文件的评审

ISO 9001:2015《质量管理体系 要求》中明确保存文件化信息的地方:审核范围(4.3);质量方针(5.2.2);质量目标(6.2.1)。未明确要求形成文件化信息,但提出的适用时可形成文件化信息的地方:体系策划时(4.4.2);运行策划(8.1);设计开发策划(8.3.1);生产和服务提供策划(8.5.1)。

ISO 9001:2015 中要求保留形成文件信息的地方:7.1.5 监视和测量资源 2 处;7.2 人员能力 1 处;7.5.3 形成文件信息的控制 1 处;8.2.3.2 产品和服务要求的评审 1 处;设计开发输入、控制、输出、更改共 4 处;8.4.1 外部供方选择评价绩效监视 1 处;8.5.2 可追溯性 1 处;8.5.3 顾客财产丢失、损坏、不适用 1 处;8.5.6 生产和服务提供更改 1 处;8.6 产品和服务放行 1 处;8.7.2 不合格输出 1 处;9.1.1 监视测量分析和评价 1 处;9.2.2 内审 1 处;9.3.3 管理评审 1 处;10.2.2 不合格和纠正措施 1 处。

过程可以形成文件,也可以不形成文件。

文件审核时,审核员应避免下列问题:

(1)过分条款主义。应主要从内容上去审核,只要内容满足要求即可。
(2)随意扩大文件范围。例如要求被审核方编制 10 多份程序文件,甚至 20 多份文件。
(3)偏离 ISO 9001 标准要求。有些质量管理宣贯教材或材料中指出 ISO 9000 的精华在于"写我所作、作我所写、记我所作""说到的一定要写到,写到的一定要做到,做到的一定要有记录"等,其实,这些提法在 ISO 9001 标准中找不到来源,笔者以为此乃一种误解,过分夸大了文件和记录的作用,只讲形式,不讲效率。

(4)过分注重形式。例如,有些审核员要求审核方每份文件都要加盖受控印章,文件应符合固定格式,甚至有的审核员将文件审来审去,最终提出如何规范语句和标点符号的问题。

(5)将现场审核的重点放在文件审核中,到每个部门第一句话就是把文件拿来,一看文件,一个小时过去了,审核也结束了。

二、环境管理体系(EMS)文件/职业健康安全管理体系(OHSMS)文件的评审

环境管理体系文件/职业健康安全管理体系文件审核的思路和质量管理体系文件审核的思路完全相同。

ISO 14001:2015 中提到应保持文件化信息的地方:4.3 对环境管理体系范围应形成文件化信息;5.2 环境方针应形成文件化信息;6.1.1 应急风险和机遇;6.1.2 环境因素及影响,确定重要环境因素的准则,重要环境因素;6.1.3 合规义务;6.2.1 环境目标应形成文件化信息;8.1 与运行有关的过程文件化信息;8.2 应急准备和响应的相关过程。

ISO 14001:2015 中提到应保留文件化信息的地方:7.2 保留人员能力的证据;7.4.1 保留内外部信息交流的证据;9.1.1 保留监视、测量、分析和评价结果的证据;9.1.2 保留合规性评价结果的证据;9.2.2 保留内审方案实施和审核结果的证据;9.3 保留管理评审结果的证据;10.2 保留不符合性质和所采取任何后续措施及措施实施结果的证据。

在进行环境管理体系文件评审时,应注意收集和审核下列文件或信息:

(1)环境因素及重要环境因素清单;

(2)法律法规清单;

(3)目标、指标和管理方案;

(4)环评报告;

(5)"三同时"验收报告;

(6)厂区平面图;

(7)地理位置图;

(8)工艺流程图;

(9)动力及下水管网图;

(10)监测报告;

(11)材料清单;

(12)组织以往的审核报告等。

GB/T 28001—2011 也面临换版的需求,目前可以对照 ISO 14001:2015 相关要求进行评审。在进行职业健康安全管理体系文件评审时,应注意收集和审核以下材料:

(1)不可接受风险清单;

(2)适用的职业健康安全法律法规、标准及其他要求清单;

(3)目标、指标、职业健康安全管理方案;

(4)被审核区域平面图;

(5)生产流程或服务流程图;

(6)职业健康安全相关指标监测报告(体系运行后);

(7)主要设备、设施清单;

(8)主要有毒有害化学品清单;

(9)必要时,提供相关管理部门的 OHSMS 证明材料;

（10）审核记录及报告等。

6.3.2　编制审核计划

一、编制审核计划的相关知识

审核组长应根据审核方案和受审核方提供的文件中包含的信息编制审核计划。审核计划应考虑审核活动对受审核方的过程的影响，并为审核委托方、审核组和受审核方之间就审核的实施达成一致提供依据。审核计划应便于有效地安排和协调审核活动，以达到目标。

审核计划的详细程度应反映审核的范围和复杂程度，以及实现审核目标的不确定因素。在编制审核计划时，审核组长应考虑：适当的抽样技术（B.3）；审核组的组成及其整体能力；审核对组织形成的风险。

例如，对组织的风险可以来自审核组成员的到来对于健康安全、环境和质量方面的影响，以及他们的到来对受审核方的产品、服务、人员或基础设施（例如对洁净室设施的污染）产生的威胁。

对于结合审核，应特别关注不同管理体系的操作过程与相互抵触的目标以及优先事项之间的相互作用。

对于初次审核和随后的审核、内部审核和外部审核，审核计划的内容和详略程度可以有所不同。审核计划应具有充分的灵活性，以允许随着审核活动的进展进行必要的调整。

审核计划应包括或涉及下列内容：

（1）审核目标；
（2）审核范围，包括受审核的组织单元、职能单元以及过程；
（3）审核准则和引用文件；
（4）实施审核活动的地点、日期、预期的时间和期限，包括与受审核方管理者的会议；
（5）使用的审核方法，包括所需的审核抽样的范围，以获得足够的审核证据，适用时还包括抽样方案的设计；
（6）审核组成员、向导和观察员的作用和职责；
（7）为审核的关键区域配置适当的资源。

适当时，审核计划还可包括：

——明确受审核方本次审核的代表；
——当审核员和（或）受审核方的语言不同时，审核工作和审核报告所用的语言；
——审核报告的主题；
——后勤和沟通安排，包括受审核现场的特定安排；
——针对实现审核目标的不确定因素而采取的特定措施；
——保密和信息安全的相关事宜；
——来自以往审核的后续措施；
——所策划审核的后续活动；
——在联合审核的情况下，与其他审核活动的协调。

审核计划可由审核委托方评审和接受，并应提交受审核方。受审核方对审核计划的反对意见应在审核组长、受审核方和审核委托方之间得到解决。

二、相关管理体系标准对审核方案/审核计划的要求

ISO 9001:2015《质量管理体系　要求》第 9.2.2 条指出：

依据有关过程的重要性,对组织产生影响的变化和以往的审核结果,策划、制定、实施和保持审核方案,审核方案包括频次、方法、职责、策划要求和报告;规定每次审核的审核准则和范围。

ISO 14001:2015《环境管理体系　要求及使用指南》第 9.2.2 条要求:

组织应建立、实施并保持一个或多个内部审核方案,包括实施审核的频次、方法、职责、策划要求和内部审核报告。建立内部审核方案时,组织必须考虑相关过程的重要性、影响组织的变化以及以往审核的结果。组织应规定每次审核的准则和范围。

三、审核计划编制和注意要点

(1)审核计划一般是在文件评审结束,现场审核之前编制。

(2)编制审核计划时,审核组长应通过文件审核等方式熟悉本组织下述信息:

1)工艺流程;

2)组织结构图,包括地理位置;

3)职能分配;

4)相关法律法规(含产品标准);

5)以往审核的情况(可行时)。

(3)审核人天数的安排。一般来讲,内审的审核人天数要远远大于第三方审核的人天数。在策划内审的人天数时,可参考第三方审核的人天数。对质量管理体系的外审,审核员时间应符合 CNAS—CC12《质量管理体系认证机构通用要求》应用指南的规定;对环境管理体系外审时,应符合 CNAS—CC32《环境管理体系认证机构通用要求》应用指南;对职业健康安全管理体系审核,应符合 CNAS—CC42《职业健康安全管理体系认证机构通用要求》应用指南。对结合审核,应考虑本组织管理体系一体化成熟度以及审核组能力成熟度等条件,其原则是总审核时间应大于对单一体系审核的人天数,少于对各单一体系审核的人天数之和。当然,影响审核所需时间的因素还包括以下几方面。

1)审核目的不同;

2)审核所覆盖的产品或服务范围;

3)各职能部门之间地理位置的分布,包括多场所情况;

4)产品或服务的复杂程度;

5)审核所用语言。

(4)审核组长应合理选择审核过程的顺序,安排审核路线。审核路线可顺向审核,即按照产品或服务的形成过程安排审核;或逆向审核,即按照产品或服务形成的反过程安排审核(例如:从最终产品交付—最终装配—部件装配—零件制造—原材料储存—采购)。

(5)审核组长应按照受审核的过程和区域的重要性及以往的审核结果(可行时),合理安排每个审核区域的审核时间,对重要的过程或区域应保证足够的审核时间,坚决反对"一刀切"现象,即对生产部门/管理部门的审核时间均一致。

(6)审核组长应依据本组织的职能分配,在审核计划中应优先考虑安排每个职能部门的主要职能活动以及相对应的管理体系标准相关要求。整个审核计划应覆盖标准的所有要求。

(7)专业审核员或技术专家的安排要合理,尽可能安排给产品或服务专业性较强的部门。例如:设计/开发部门,最终装配、生产、检测、工艺等部门。

(8)审核组长要注意每个审核小组的划分。每个审核小组最好安排一位审核员,因为审核员过多,会造成审核时职责不清的问题,受审核部门难以适应。

(9)坚持"以人为本"的原则,审核计划中审核日程的作息时间安排应尽可能同本组织作息时间一致。如果可能,每天的审核开始时间比上班时间推迟15分钟,结束时间比下班时间提前15分钟。反对随意改变作息时间,尤其是利用节假日安排审核。

四、审核计划编制过程中的常见问题

(1)没有覆盖体系涉及的相关部门;
(2)没有覆盖管理体系标准的相关要求;
(3)审核的人天数安排不合理(如对主要过程时间安排不充分);
(4)对每个部门的审核时间安排不合理,现场审核时间不充分;
(5)对每个部门的审核内容安排不合理,没有体现该部门的主要过程或活动;
(6)审核组分工不合理,审核小组人员过多;
(7)专业审核安排不到位,安排非专业人员审核专业过程;
(8)审核作息时间安排不合理,与受审核方作息时间相差较大;
(9)审核顺序安排不合理,没有体现出审核的逻辑性;
(10)现场审核时,审核计划还没有编制完成;
(11)审核计划没有得到受审核组织管理者代表的确认;
(12)随意更改经批准的审核计划。

五、内部审核计划示例

中国质量认证中心西北评审中心模拟编制的对××宾馆三体系结合审核的审核计划与审核活动安排,见表2-2和表2-3,可供审核组长编制内审计划时参考。

表2-2 审核计划

受审核方名称:××宾馆			合同号:6100/Q1/E1/S1/2014/0090	
地址:××市红星大道中段				
审核类型:■认证审核 □第一阶段审核 □第二阶段审核 □监督审核 □复评审核 □证书变更审核 □机构间转换审核 □其他:				
审核目的:■认证审核或第二阶段审核/机构间换证审核:评价受审核方管理体系的符合性、适宜性和运行的持续有效性,以确定是否推荐认证; □第一阶段审核:了解受审核方的基本情况和管理体系策划的充分性,确定第二阶段审核的可行性和重点,确认认证审核范围; □监督审核:评价受审核方管理体系运行的持续有效性,以确定是否继续使用认证证书; □证书变更审核:评价受审核方管理体系变更策划和运行的有效性,以确定是否换发证书; □复评审核:评价受审核方管理体系的符合性、适宜性和运行的持续有效性,以确定是否推荐换发证书。				
审核范围:住宿、餐饮、康乐的提供			专业代码:30.01	
			审核语言:中文	
审核准则:■ISO 9001 ■ISO 14001 ■GB/T 28001 □QS 9000 □CAC《食品卫生通则》 《HACCP体系及其应用准则》 ■受审核方管理体系文件 ■法律法规 □顾客特殊要求				
	姓 名	组 别	资 格(专业)	
审核组长:	张××	1	L	
组 员:	王××	2	L	
	李××	3	L	
审核报告分发范围: ■认证中心 ■评审中心 ■审核委托方 ■受审核方				

备注：
首次会议和末次会请受审核方领导及有关部门负责人参加。审核过程的沟通请受审核方代表及向导参加。

审核组长/日期：张×× 　　2014.5.15
审核项目管理人员/日期：郝× 　2014.5.15
受审核方代表/日期：　　高× 　2014.5.16

表2-3　审核活动安排

日期/时间	组别	部门	主要过程或活动及相关的标准条款
2014.5.25			
8:00—8:30	1,2,3	公司各部门主管	
8:30—9:00	1,2,3	现场巡视	
9:00—12:00	1	工程部	
	2	经理部	
	3	前厅部	
14:00—18:00	1	工程部（续）	首次会议
	2	经理部（续）	以下主要活动及涉标准的条款详见
	3	康乐部(20:00—22:00抽查)	附件1,2,3
2014.5.26			
8:00—12:00	1	安全部	
	2	采购部	
	3	餐饮部(12:00—13:00抽查)	
14:00—16:30	1	人事部	
14:00—16:30	2	营销部	
14:00—15:00	3	财务部	
15:00—16:30	3	管理层	
16:30—17:20	1,2,3	内部会议	
17:20—18:00	1,2,3	末次会议	

备注：
1. 必要时，审核组长在征得被审核方同意后，可以调整审核计划。
2. 计划中应对审核组内部沟通、审核组与受审核方沟通做出安排。
3. 如果某过程/活动涉及多个不同认证标准条款，请以Q标识ISO 9001条款，以E标识ISO 14001条款，以S标识GB/T 28001条款，以H标识食品安全管理体系认证标准条款，以QS标识QS-9000条款。
4. 鼓励采用过程方法安排审核。

××建筑有限公司的内审计划示例，见表2-4和表2-5。

表 2-4 ××建筑有限公司
2016 年度公司内部审核实施计划表

审核日期	2016 年 4 月 16 日至 4 月 23 日			
审核目的	检查公司整合型管理体系建立和实际动作情况,对照质量、环境和职业健康安全三个标准条款的要求,审核整合型管理体系的符合性、适宜性和有效性,增强管理体系的绩效并持续改进其有效性。			
审核范围	整合型管理体系相关的业务管理部门及在建工程各项目经理部。			
审核依据	1.公司 2016 年度整合型管理体系的内部审核计划;2.公司 C 版《质量手册》《程序文件》和公司管理制度;3.国家标准 ISO 9001:2015、ISO 14001:2015、GB/T 28001—2011;4.国家现行相关法律、法规及技术标准规范的有效版本;5.相关方合理要求。			
审核组织	见附件 1:《2016 年公司内部审核组任命书》			
	首次会议		末次会议	
时间	4 月 16 日 8:10—8:30	地点 公司会议室	时间 4 月 23 日 14:30—17:00	地点 公司会议室
参加人员	公司领导、各部门负责人、各项目经理部经理、内审组成员		参加人员 公司领导、各部门负责人、各项目经理部经理、内审组成员	
组别	第一内审组		第二内审组	
组长	×××(QES)		×××(QES)	
成员	×××(Q)		×××(QES)	
被审核单位及时间安排	被审核单位	时间安排	被审核单位	时间安排
	人力资源部	4 月 16 日　8:40—10:10	公司领导层	4 月 16 日　8:40—10:30
	办公室	10:15—12:00	工会	10:35—11:20
	供应部	13:30—15:30	财务部	11:25—12:00
			经营部	13:30—17:00
	质量技术部	4 月 17 日　8:00—10:30	安全管理部	4 月 17 日　8:30—12:00
	贯标办	10:35—12:00	工程部	13:30—17:30
	第一项目经理部	4 月 18 日　8:30—12:00	第五项目经理部	4 月 18 日　8:30—12:00
	第二项目经理部	13:30—17:30	第六项目经理部	13:30—17:00
	第三项目经理部	4 月 19 日　8:30—12:00	第七项目经理部	4 月 19 日　8:30—12:00
	第四项目经理部	13:30—17:30	第八项目经理部	13:30—17:30
			第九项目经理部	4 月 20 日　8:30—12:00
内审组会议:4 月 20 日　14:00—17:30			
编制人:×××　　　　(组长)		批准人:×××　　　　(管理者代表)	

表 2-5　各部门、各项目经理部审核条款

被审核单位	审核条款
公司领导层	QE5.1,5.2,5.3/S4.4.1;QE6.2/S4.3.3;Q8.2/E6.1.3/S4.3.2;QE9.3/S4.6; QE7.1/S4.4.1;QE10.1/S4.5.3
办公室	QE6.2/S4.3.3;QE5.3/S4.4.1;QE7.5.3/S4.5.4
人力资源部	QE6.2/S4.3.3;QE5.3/S4.4.1;QE7.2-3/S4.4.2;QE7.5.2-7.5.3/S4.4.5
经营部	QE6.2/S4.3.3;QE5.3/S4.4.1;Q8.2;Q8.5.3;Q9.1.2;QE7.5.3/S4.4.5
安全管理部	QE6.2/S4.3.3;QE5.3/S4.4.1;QE7.5.3/S4.4.5;S4.3.1;S4.4.6;S4.4.7;S4.5.1; S4.5.2
工程部	QE6.2/S4.3.3;QE5.3/S4.4.1;E6.1.2;Q7.1.3/E7.1/S4.4.1;Q8.5.1;Q8.5.4; E6.2.2;E8.1;E8.2;E9.1.1;E10.2
质量技术部	QE6.2/S4.3.3;QE5.3/S4.4.1;Q8.1;Q7.1.5/E9.1.1/S4.5.1;Q8.6;Q8.3.1; QE10.2/S4.5.3;QE7.5/S4.5.4;Q8.3 不适用的验证
贯标办	QE5.3/S4.4.1;QE5.2/S4.2;QE6.2/S4.3.3;Q8.2/E6.1.3/S4.3.2;E9.1.2/S4.5.2; QE7.4/S4.4.3;QE9.3/S4.6;QE9.2.2/S4.5.5;QE9.1.1/S4.5.1
工会	QE5.3/S4.4.1;E7.4/S4.4.3
财务部	QE6.2/S4.3.3;QE5.3/S4.4.1;QE7.1/S4.4.1
供应部	QE6.2/S4.3.3;QE5.3/S4.4.1;;Q8.4;Q8.5.2;Q8.5.3
各项目经理部	QES 全部条款

附件 1

××建筑有限公司
2016 年度公司内部审核组任命书

编号：

　　根据 2016 年年度审核计划的安排，结合公司目前的实际情况，今年第 1 次内部管理体系审核工作于 2016 年 4 月 16 日开始，至 2016 年 4 月 23 日结束，共 6 天。现将审核组任命如下：

　　　　第一内审组　　　　　　　　　　　　　　第二内审组
　　组长：×××　　　　　　　　　　　　　　　×××
　　成员：×××　　　　　　　　　　　　　　　×××
　　被审核方：人力资源部　　　　　　　　　　　公司领导层
　　办公室　　　　　　　　　　　　　　　　　　工会
　　供应部　　　　　　　　　　　　　　　　　　财务部

质量技术部	经营部
贯标办	安全管理部
	工程部
第一项目经理部	第五项目经理部
第二项目经理部	第六项目经理部
第三项目经理部	第七项目经理部
第四项目经理部	第八项目经理部
	第九项目经理部

请审核组长根据被审核方的实际，编制切实可行的内审检查表，认真实施审核。

管理者代表：×××
2016 年 4 月 5 日

6.3.3 审核组工作分配

审核组长可在审核组内协商，将对具体的过程、活动、职能或场所的审核工作分配给审核组每位成员。分配审核组工作时，应考虑审核员的独立性和能力、资源的有效利用以及审核员、实习审核员和技术专家的不同作用和职责。

适当时，审核组长应适时召开审核组会议，以分配工作并决定可能的改变。为确保实现审核目标，可随着审核的进展调整所分配的工作。

就内审而言，一般现场审核前，审核组长可召集内审员召开一次内部会议，时间不宜过长，会议的主要内容如下：

（1）本次内审的目的、依据和范围；
（2）按照批准的审核计划、分配审核任务；
（3）必要时，进行专业讲解；
（4）本次审核的注意事项等。

6.3.4 准备工作文件

审核组成员应收集和评审与其承担的审核工作有关的信息，并准备必要的工作文件，用于审核过程的参考和记录审核证据。这些工作文件包括检查表，审核抽样方案，记录信息（如支持性证据、审核发现和会议记录）的表格。

检查表和表格的使用不应限制审核活动的范围和程度，可随着审核中收集信息的结果而发生变化。

工作文件，包括其使用后形成的记录，应至少保存到审核完成或审核计划规定的时限。关于审核完成后所形成文件的保存见 6.6。审核组成员在任何时候都应妥善保管涉及保密或知识产权信息的工作文件。

就内审而言，内审员应按照内审的工作程序，准备内审过程中的各种工作文件，其中检查表的准备是内审员最重要的准备工作，也是内审员最主要的基本功之一。

一、检查表的作用

（1）明确与审核目标有关的样本。审核采用的主要方法是抽样检查。抽什么样本、每种样本应抽多少数量、如何抽样等等问题都要通过编写检查表来解决，而且这一切都要为达到审核目标服务。因此,明确与审核目标有关的样本是检查表的首要作用。

(2)使审核程序规范化。编制检查表已成为国际上进行管理体系审核的一种通用做法,ISO 19011:2013《管理体系审核指南》第 6.3.4 条规定,审核组成员应准备必要的工作文件,用于审核过程的参考和记录审核证据。这些工作文件包括检查表等,使审核过程进一步规范化,对减少审核工作的随意性和盲目性可以起到很大的作用。

(3)按检查表要求进行调查研究,可使审核目标始终保持明确。审核员根据检查表进行审核不致偏离审核目标和主题。在现场审核中,有很多实际情况和问题很容易转移审核员的注意力,有时甚至迷失大方向而在一些枝节问题上浪费大量时间。这时,检查表可起到提醒和警示作用。

(4)保证审核进度。审核过程是一项高节奏而紧张的活动,不允许就某一问题、某一要素逗留过长时间。事先把审核内容排列成检查表,可以按调查的问题及样本的数量分配时间,使审核按计划进度进行,起到备忘录的作用。

(5)作为审核记录存档。检查表是审核机构的宝贵智力财富,可为以后编写检查表提供参考资料。同时,审核员可在检查表上记录现场审核情况,兼起审核记录的作用。认证机构通常将其作为审核工作合格评定的重要输入,认可机构通常将其作为检查认证机构审核工作是否有效的客观证据。

(6)减少重复的工作。如果审核组有好几名审核员,则他们各自编写的检查表要经审核组长审查协调,防止遗漏或重复。

(7)树立审核员的职业形象。在审核过程中,有了检查表,调查研究可以做到有的放矢,提问题、查看文件和现场审核也都有针对性,抽样具有代表性,工作具有条理性。这一切都能为审核员树立起一个熟练的专业审核员的职业形象,同时,也体现出审核员的审核技能。

(8)减少审核员的偏见和随意性。在审核过程中,有时由于审核员的特长或兴趣偏好,或由于情绪和感性因素,对感兴趣而熟悉的内容审核时间较长,而对不感兴趣或陌生的内容审核时间过短,甚至一带而过。检查表有助于避免这种情况。

二、检查表的种类

(1)按标准条款编写的检查表。此种检查表是编制其他检查表的基础,这种检查表通用性较强,可以用来审核组织的管理体系文件或在一种专项检查时使用。例如检查组织的质量管理体系是否符合进出口商品免验审查条件等。此类检查表所提的问题通用性较强,可直接将管理体系标准条款的所有要求直接作为问题提出,同时再加上其他相关条款的内容即可。

(2)按过程编制的检查表。ISO 9001:2015《质量管理体系 要求》鼓励组织在建立、实施质量管理体系以及改进其有效性时采用过程方法。为使组织有效运作,必须识别和管理众多相互关联的活动,通过使用资源和管理,将输入转化为输出的活动可视为过程,因此输入、输出、资源、活动,就成为一个过程必不可少的四个要素。编制此类检查表时,对每个主要过程应充分利用 PDCA 的管理思想。

1)策划阶段(Plan):①是否策划输入及相关要求;②是否策划输出及相关要求;③是否策划资源方面的要求;④是否策划活动的具体要求。

2)实施阶段(Do):①是否按要求配置资源;②是否按规定控制过程;③输入、输出是否按规定的要求实施。

3)检查阶段(Check):是否按策划对过程四个要素进行了相关的监视和测量。

4)改进阶段(Act):当过程未达到策划的结果时,是否采取了相应的纠正或预防措施。

(3) 部门检查表。审核虽然有多种审核方法，如自上而下审核、自下而上审核、上下结合审核、正向和逆向审核等。但通常按部门进行审核，所以部门检查表是最常用的检查表。

部门检查表编写的原则：过程方法＋PDCA＋抽样调查。

1) 审核员应通过查阅下列文件和资料，了解受审核部门的主要过程：

①管理手册；②相关程序文件；③职能分配表；④组织机构图；⑤审核计划；⑥相关法规要求；⑦以往的检查记录（可行时）；⑧相关方投诉或抱怨（含媒体）。

2) 使用 PDCA 的思路，对每个主要过程进行展开。

3) 如果可行，应检查过程是否有效的客观证据。

4) 审核员应掌握抽样调查的方法。在现场审核中，审核员要通过提问、交谈、查阅文件和记录、观察实际情况等方法，收集受审核方的客观证据。由于文件和记录数量很多，不可能全部检查，所以必须抽样。一般样本量为 3～4 个，最多以 12 个为限，最少不宜少于 3 个，这样才能在短时间内获得数量适当的客观证据。但样本的种类应有代表性，以体现检查的客观性和公正性。比如，在采购部门查看采购订单，应选择对最终产品质量有重要影响的外购件的订单，每种按重要性抽取若干样本量。审核对象是一个小型电机厂的采购部门，那么在抽取采购文件样本时，对产品质量影响较大的原材料和零部件如硅钢片、电磁线、轴承、绝缘材料和铸件等的订单，可以每种抽 5～10 张；而对胶木件、紧固件、锻件（吊环）等订单，因其对产品影响较小，可选 3～5 张。这样既有代表性，又有重点。在选取样本时，审核员应注意：

——所抽样本中发现问题，一般应进一步扩大抽样，以查明是否存在普遍性问题；

——所抽样本中未发现问题，一般应认为该区域是符合要求的，可继续下一步审核；

——审核不应对自己所熟悉的专业领域特别感兴趣，审核时所抽样本量过多，导致整个审核过程抽样缺乏代表性。

三、检查表是审核过程重要的审核记录

(1) 检查表一般由两部分组成，一部分为"检查内容"，主要包括"查什么"和"怎么查"；另一部分为"审核记录"。管理体系标准的条款号、检查内容和审核记录应相互对应。对资深审核员来讲，由于对"检查内容"比较清楚，在实际操作中，此部分内容可不填写或做简单的填写。

(2) 请审核员永远不要相信自己的记忆力，审核员应在检查表中记录下述信息：

1) 被审核部门的基本概括，包括组织结构、人员职责、主要活动、过程、资源、主要文件、目标/指标完成情况等；

2) 所会见的关键人员；

3) 文件编号和修改版号；

4) 设备名称、编号及其校准标志；

5) 物品的标识；

6) 抽查文件/信息/设备的接受者；

7) 人员的识别；

8) 参照的管理手册/程序文件/作业指导书的版本号；

9) 工作环境；

10) 对不符合的情况应做详细的记录。

四、检查表中常见的问题

(1) 没有覆盖全受审核部门的主要过程；

(2) 没有覆盖受审核部门相关的管理体系条款要求;
(3) 审核的途径比较混乱,逻辑思维不清楚;
(4) 检查内容可操作性不强;
(5) 完全拘泥于检查表,审核时过于机械,生搬硬套检查内容;
(6) 完全抛开检查表的检查内容,审核时完全自由式发挥;
(7) 事先将检查表内容透露给受审核方;
(8) 审核记录不完整等。

审核证据的记录见表 2-6。

表 2-6 审核证据记录表

查什么	怎么查	结果如何	是否符合
查最高管理者是否主持了管理评审	询问最高管理者最近一次管理评审的情况和所做出的决定,看其是否清楚	均清楚表述,与实际相符	
查成品仓库是否按标准层高堆码	到仓库现场观察,看是否符合标准	规定 5 层,XT-200 堆 7 层,其他符合	
查是否建立了年度培训计划	请其提供本年度培训计划,看其是否有	2006 年计划有,内容全	

6.4 审核活动的实施

6.4.1 总则

审核活动通常按图 2-2 所示的顺序实施。为了适应特定的审核情况,顺序有可能不同。

6.4.2 举行首次会议

首次会议的目的如下:
(1) 确认所有有关方(例如受审核方、审核组)对审核计划的安排达成一致;
(2) 介绍审核组成员;
(3) 确保所策划的审核活动能够实施。

应与受审核方管理者及适当的受审核的职能、过程的负责人一起召开首次会议。在会议期间,应提供询问的机会。

会议的详略程度应与受审核方对审核过程的熟悉程度相一致。在许多情况下,例如小型组织的内部审核,首次会议可简单地包括对即将实施的审核的沟通和对审核性质的解释。

对于其他审核情况,会议应当是正式的,并保存出席人员的记录。会议应由审核组长主持。首次会议应包括以下内容:
(1) 介绍与会者,包括观察员和向导,并概述与会者的职责;
(2) 确认审核目标、范围和准则;
(3) 与受审核方确认审核计划和其他相关安排,例如末次会议的日期和时间,审核组和受审核方管理者之间的临时会议以及任何新的变动;
(4) 审核中所用的方法,包括告知受审核方审核证据将基于可获得信息的样本;

(5)介绍由于审核组成员的到场对组织可能形成的风险的管理方法；
(6)确认审核组和受审核方之间的正式沟通渠道；
(7)确认审核所使用的语言；
(8)确认在审核中将及时向受审核方通报审核进展情况；
(9)确认已具备审核组所需的资源和设施；
(10)确认有关保密和信息安全事宜；
(11)确认审核组的健康安全事项、应急和安全程序；
(12)报告审核发现的方法，包括任何分级的信息；
(13)有关审核可能被终止的条件的信息；
(14)有关末次会议的信息；
(15)有关如何处理审核期间可能的审核发现的信息；
(16)有关受审核方对审核发现、审核结论(包括抱怨和申诉)的反馈渠道的信息。

以上这些规定主要是为外部质量体系审核，尤其是第三方审核制定的。在内部质量体系审核时，其内容可适当简化。但简化不等于取消。为了保持内审的正规化，首次会议的形式还是必要的，如审核组长正式宣布开始审核、组长发言、有问题就加以澄清、做好记录、出席首次会议的人员都要签名等形式都应保持。

受审核部门的领导应参加首次会议。领导如不能亲自参加，必须指定代表参加。有时，部门领导指定发言人介绍情况回答问题，则发言人的言谈可当作客观证据之一来对待。

首次会议的开法确定了审核的"基调"和风格。审核组应呈现的审核风格是守时、讲究效率、务实、开诚布公、气氛融洽而又坦率透明。

首次会议一般控制在 30 分钟左右。

6.4.3 审核实施阶段的文件评审

应评审受审核方的相关文件，以确定文件所述体系与审核准则的符合性，收集信息以支持审核活动。

如何进行文件审核，本标准附录 B 中给出了文件评审的指南。

审核员应该考虑，文件中所提供的信息：

——是否完整(文件中包含所有期望的内容)；
——是否正确(内容符合标准和法规等可靠的来源)；
——是否一致(文件本身以及与相关文件都是一致的)；
——是否现行有效(内容是最新的)；
——所评审的文件是否覆盖审核的范围并提供足够的信息来支持审核目标；
——依据审核方法确定的对信息和通信技术的利用，是否有助于审核的高效实施。应依据适用的数据保护法规对信息安全予以特别关注(特别是包含在文件中但在审核范围之外的信息)。

只要不影响审核实施的有效性，文件评审可以与其他审核活动相结合，并贯穿于审核的全过程。

如果在审核计划所规定的时间框架内发现提供的文件不适宜、不充分，审核组长应告知审核方案管理人员和受审核方。应根据审核目标和范围决定审核是否继续进行或暂停，直到有关文件的问题得到解决。

6.4.4 审核中的沟通

在审核期间,可能有必要对审核组内部以及审核组与受审核方、审核委托方、可能的外部机构(例如监管机构)之间的沟通做出正式安排,尤其是法律法规要求强制性报告不符合的情况。

审核组应定期讨论以交换信息,评定审核进展情况,以及需要时重新分配审核组成员的工作。

在审核中,适当时,审核组长应定期向受审核方、审核委托方通报审核进展及相关情况。如果收集的证据显示受审核方存在紧急和重大的风险,应及时报告受审核方,适当时向审核委托方报告。对于超出审核范围之外的引起关注的问题,应予记录并向审核组长报告,以便可能时向审核委托方和受审核方通报。

当获得的审核证据表明不能达到审核目标时,审核组长应向审核委托方和受审核方报告理由以确定适当的措施。这些措施可以包括重新确认或修改审核计划,改变审核目标、审核范围或终止审核。

随着审核活动的进行,出现的任何变更审核计划的需求都应经评审,适当时,经审核方案管理人员和受审核方批准。

审核组的内部沟通可通过内部会议和向审核组长汇报的形式进行,审核中的外部沟通可通过与向导、管理者代表、受审核部门和人员的交流、讨论、确认、报告、通报等形式进行。

一、内部会议

审核组内部会议是现场审核过程中的重要活动。根据会议召开的时间可分为审核前的准备会、审核过程中的小结会、末次会议前的内部会。这些会议是由审核组长组织,根据审核的需要适时召开。

(1)准备会。

1)会议的时间:现场审核之前,审核组长根据需要决定是否召开。

2)目的:使审核组全体成员了解审核的目的、范围、准则,本组织的情况,审核中所承担的任务,为完成审核任务做好充分准备。

3)参加人员:审核组成员。

4)会议内容:

——本组织的行业情况、特点的介绍;

——行业涉及的法律法规、相关的技术标准等;

——文件审核的情况汇报;

——审核计划和分工;

——讨论有关审核的事宜;

——通报审核中应注意的事项(例如审核的重点、安全防护事项)等。

(2)小结会。

1)会议的时间:审核组长认为必要时,每天审核后召开。

2)参加人员:

——审核组成员;

——必要时,可包括受审核方代表。

3)目的:

——审核组沟通已审核的信息,以便审核人员交流审核情况,统一对审核发现的看法;

——对审核中发现疑点或线索的进一步查证落实做出协调安排；
——确认审核计划实施情况，必要时调整次日审核安排；
——必要时与受审核方沟通审核情况，以便顺利完成审核工作。
4）会议内容：
——由审核员介绍一天的审核进展情况和审核发展；
——交流有关的审核信息；
——讨论审核发现，确定不符合项及程度；
——向审核组长汇报审核中遇到疑点或线索，提出相应的意见；
——审核组长可根据审核的进度和需要，适当调整审核计划；
——审核计划的调整必须经认证机构和受审核方确认；
——必要时，可将内部会议的结果通报给受审核方；
——征求对方对审核工作的意见。如果受审核方人员对审核发现有异议，审核组长应协调解决有分歧的问题，否则应记录尚未解决的问题或根据需要进一步核实。

二、与受审核方必要的沟通

（1）审核中可能需要对审核计划进行调整。

（2）必要时，审核组与受审核方对不符合、严重不符合的讨论和确定。与受审核方评审不符合项，一方面可以确认不符合事实的准确性，另一方面可使受审核方理解不符合所反映的问题和审核准则的要求。如果双方对审核发现有分歧，应努力予以解决。确认审核证据的准确性，维持或修改原审核发现。对于未解决的分歧，应予以必要的记录。

（3）管理体系的评价及审核结论的交流和沟通。通常审核组长还应在末次会议前就审核组内部会议讨论情况和结论意见与管理者代表进行交流和沟通，避免大家对审核组在末次会议上宣布的审核发现及审核结论感到意外和惊讶。此项沟通对顺利完成现场审核是非常有益的。

必要时，应记录审核组与受审核方的沟通过程和结果。

6.4.5 向导和观察员的作用和责任

向导和观察员（例如来自监管机构或其他相关方的人员）可以陪同审核组，但不应影响或干扰审核的进行。如果不能确保如此，审核组长有权拒绝观察员参加特定的审核活动。

观察员应承担由审核委托方和受审核方约定的与健康安全、保安和保密相关的义务。

受审核方指派的向导应协助审核组并根据审核组长的要求行动。向导的职责如下：

（1）协助审核员确定面谈的人员并确认时间安排；

（2）安排访问受审核方的特定场所；

（3）确保审核组成员和观察员了解和遵守有关场所的安全规则和安全程序。

向导的作用体现在以下方面：

（1）代表受审核方对审核进行见证；

（2）在收集信息的过程中，做出澄清或提供帮助。

6.4.6 信息的收集和验证

在审核中，应通过适当的抽样收集并验证与审核目标、范围和准则有关的信息，包括与职能、活动和过程间接口有关的信息。只有能够验证的信息方可作为审核证据。导致审核发现的审核证据应予以记录。在收集证据的过程中，审核组如果发现了新的、变化的情况或风险，

6.4.6.1 附录B.3——抽样指南

一、抽样总则

在审核过程中,如果查验所有可获得信息不实际或不经济,则需进行审核抽样。例如记录太过庞大或地域分布太过分散,以至于无法对总体中的每个项目进行检查。为了对总体形成结论,就需要对大的总体进行审核抽样,即在全部数据批(总体)中,选择小于100%数量的项目以获取评价总体的证据。

审核抽样的目的是提供信息以使审核员确信能够实现审核目标。

抽样的风险是从总体中抽取的样本也许不具有代表性,从而可能导致审核员的结论出现偏差,与对总体进行全面检查的结果不一致。其他风险可能源于抽样总体内部的变异和所选择的抽样方法。

典型的审核抽样包括以下步骤:
(1)明确抽样方案的目标;
(2)选择抽样总体的范围和组成;
(3)选择抽样方法;
(4)确定样本量;
(5)进行抽样活动;
(6)收集、评价和报告结果并形成文件。

抽样时,应考虑可用数据的质量,因为抽样数量不足或数据不准确将不能提供有用的结果。应根据抽样方法和所要求的数据类型(如为了推断出特定行为模式或的车对总体的推论)选择适当的样本。

对样本的拔高应考虑样本量、选择的方法以及基于这些样本和一定置信水平做出的估计。

审核可以采用条件抽样(见B.3.2)或者统计抽样(见B.3.3)。

二、条件抽样

条件抽样依赖于审核组的知识、技能和经验(见第7章)。

对于条件抽样,可以考虑以下方面:
(1)在审核范围内以前的审核经验;
(2)实现审核目标要求的复杂性(包括法律法规要求);
(3)组织的过程和管理体系要素的复杂性及其相互作用;
(4)技术、人员因素或管理体系的变化程度;
(5)以前识别的关键风险领域和改进的领域;
(6)管理体系监视的结果。

条件抽样的缺点是,可能无法对审核发现和审核结论的不确定性进行统计估计。

三、统计抽样

如果决定要使用统计抽样,抽样方案应基于审核目标和抽样总体的特征。

统计抽样涉及使用一种基于概率论的样本选择过程。当每个样本只有两种可能的结果时(例如正确或错误,通过或不通过)使用计数抽样。当样本的结果是连续值时使用计量抽样。

抽样方案应当考虑检查的结果是计数的还是计量的。例如,当要评价完成的表格与程序规定的要求的符合性时,可以使用计数抽样。当调查食品安全事件或安全漏洞的数量时,计量抽样可能更加合适。

影响审核抽样方案的关键因素如下:
(1)组织的规模;
(2)胜任的审核员的数量;
(3)一年中审核的频次;
(4)单次审核时间;
(5)外部所要求的置信水平。

当制订统计抽样方案时,审核员能够接受的抽样风险水平是一个重要的考虑因素,这通常称为可接受的置信水平。例如,5%的抽样风险对应95%的置信水平。5%的抽样风险意味着审核员能够接受被检查的100个样本中有5个(或20个中有1个)不能反映其真值,该真值通过检查总体样本得出。

当使用统计抽样时,审核员应适当描述工作情况,并形成文件。这应包括抽样总体的描述,用于评价的抽样准则(例如:什么是可接受的样本),使用的统计参数和方法,评价的样本数量以及获得的结果。

图2-3给出了从收集信息到得出审核结论的整个过程。

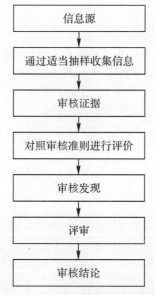

图2-3 收集和验证信息的过程

收集信息的方法包括面谈,观察以及文件(包括记录)评审。

6.4.6.2 附录B.5——信息源指南

可根据审核的范围和复杂性选择不同的信息源。信息源包括以下几种:
(1)与员工和其他人员交谈;
(2)观察活动和周围的工作环境与条件;
(3)文件,例如方针、目标、计划、程序、标准、指导书、执照和许可证、规范、图纸、合同和订单;
(4)记录,例如检验记录、会议纪要、审核报告、监视方案和测量结果的记录;
(5)数据汇总、分析和绩效指标;

(6)有关受审核方抽样方案和抽样、测量过程的控制程序的信息;
(7)其他来源的报告,例如顾客的反馈、外部调查与测量、来自外部机构和供应商评级的其他信息;
(8)数据库和网站;
(9)模拟和建模。

6.4.6.3 附录 B.6——受审核方现场访问指南

在现场访问中,尽量减少审核活动与受审核方工作过程的相互干扰,并确保审核组成员的健康和安全,应考虑以下方面:

(1)策划访问时:
——确保能够进入审核范围所确定的受审核方的相关场所;
——向审核员提供有关现场访问的足够信息(例如简介),这些信息涉及的方面包括安保、健康(例如检疫)、职业健康安全、文化习俗,适用时,还包括要求的预防接种和清洁;
——适用时,与受审核方确认提供审核组所需的个人防护装备(PPE);
——除了非计划的特别审核,确保受访人员指导审核目标和范围。

(2)现场活动时:
——避免任何对操作过程不必要的干扰;
——确保审核组适当地使用个人防护装备;
——安排沟通以尽量减少分歧;
——依据审核范围确定审核组的规模以及向导和观察员的数量,尽可能避免干扰运作过程;
——即使具备能力或持有执照,除非经明确许可,不要触摸或者操作任何设备;
——如果在现场访问期间发生事件,审核组长应与受审核方(如果需要,包括审核委托方)一起评审该状况,就是否中断、重新安排或继续审核达成一致;
——如果拍照或是视频录像,应预先征得管理人员的同意并考虑安全和保密事宜,避免未经本人许可就给个人拍照;
——如果复制任何类型的文件,应预先征得许可并考虑保密和安全事宜;
——做笔记时,应避免收集个人信息,除非出于审核目标或是审核准则的要求。

6.4.6.4 附录 B.7——面谈指南

面谈是一种重要的收集信息的方法,并且应以适于当时情境和受访人员的方式进行。面谈可以是面对面进行的,也可以通过其他沟通方法。但是,审核员应考虑如下方面:
——受访人员应来自承担审核范围设计的活动或任务的适当的层次和职能部门;
——通常在受访人员正常的工作时间和工作地点(可行时)进行;
——在面谈之前和面谈期间应尽量使受访人员放松;
——应解释面谈和做笔记的原因;
——面谈可以从请受访人员描述其工作开始;
——注意选择提问的方式(例如:开放式、封闭式、引导式提问);
——应与受访人员总结和评审面谈结果;
——应感谢受访人员的参与和合作。

审核员基本上按检查表进行提问,但应进行得自然、和谐,切忌生硬刻板。在这方面,审核员的耐心、礼貌和保持微笑有助于克服受审核方代表的畏怯心理。审核员要注意听取谈话对象的回答,并做出适当的反应。首先,必须对回答表现出兴趣,保持目光接触,用适当的口头认可的话语如"啊""是的""我明白了"来表示自己的理解。谈话时应注意观察回答者的表情。当受审核方误解了问题或答非所问时,审核员应客气地加以引导,而不要粗暴打断。下文给出了几种提问技巧:

(1)开放式提问。答案需要说明、解释来展示的问题,如"5W1H"(Why 为什么,What 什么,Who 谁,Where 哪里,When 何时,How 怎样)这类的问题。它可引导出比"是"或"不"更多的回答,因而需要更多的回答时间。因此,这种提问需要控制时间,否则会影响审核计划的完成。

(2)封闭式提问。用简单的"是"或"否"就可以回答的问题。它可以用以获取专门的信息,并节约时间,但信息量较小,在实际中很多情况是不能用"是"或"不是"来定论的。除必要时,应尽量少用封闭式提问。

现场审核中通常以封闭式提问开始,继之以许多开放式提问,最后以一两个封闭式问题结束。这是两种提问结合使用的典型方式。

(3)思考式提问。可围绕问题展开讨论以便获得更多信息的提问方式,可以用"为什么?请告诉我。"

(4)开放式提问。开放式提问的技巧有不同的类型,例如:

1)带主题的问题。提出问题之前有明确的主题,开门见山式的问题。如:"说到测试软件,你们是如何校准的?""请谈谈软件的有效性,你们是如何做的?"

2)扩展性问题。扩展性问题能拓宽谈话进而造成一种全身心投入的气氛。它表明审核员对受审核方谈到的问题很感兴趣,从而使受审核方受到鼓舞,把谈论继续下去。如:"你为什么觉得有必要?""由此你采取了哪些措施?""那么对你来说,了解这种程序的重要性有什么作用呢?""为什么你觉得有必要制定这种程序呢?"

3)讨论性问题。讨论性问题有助于使受审核方摆脱公式化的答案,说出个人的思路、见解和感觉。如:"你认为什么是最有效的方法?""你将怎样着手这项工作?"但不宜多提,否则会造成离题太远、浪费时间的后果。

4)调查性问题。审核员应少说多听,没有必要说出自己的观点和认识,这时可采用调查性问题。如"这项工作,你觉得应当做到什么程度""你对这方面有什么想法"之类的问题,会使受审核方减轻思想负担,使谈话气氛轻松自然。

5)重复性问题。重复性问题可以得到明确的回答。比如,当受审核方说:"我不认为需要一个作业指导书。"审核员:"你不认为需要一个文件化的作业指导书?"受审核方就不得不回答此问题。

6)假设性问题。当要了解体系的应变能力或异常情况下如何处理时,可提出假设性问题。如:"如果出现停电、断水怎么办?""如果合格分承包方未能及时供货怎么办?"但这类问题要注意适当掌握,不宜任意假设过多特殊情况请受审核人员回答。

7)验证性问题。受审核方口头上介绍了质量体系运作良好状况,审核员可要求其拿出证据,即"显示给我看"或"请拿出证据"。

6.4.6.5 证据收集的方法与处理现场问题的策略

审核员利用感观和自身的职业敏感及专业知识,在工作和生产现场,常常可以发现许多审核证据。例如:

(1) 与法律法规、行业规范的符合程度；
(2) 关键过程控制的可靠性；
(3) 食品加工现场卫生条件；
(4) 食品柜台上的商品所标示的保质期；
(5) 仓库管理的账、物、卡、堆、放、码、标、防、运、交等与规定的符合程度；
(6) 监视、测量仪器设备的状态标识；
(7) 使用的检测器具是否受控；
(8) 现场物料、产品的运输、存放、标识；
(9) 是否违规操作等。

在现场审核时，审核员应有足够的时间深入到产品实现过程中调查受审核方的产品实现、服务提供过程的控制及其结果的证据，验证受审核方设备、设施、环境等是否具备满足要求的能力。

1. 通过查阅文件、资料、记录收集证据

现场审核过程中经常利用查阅文件、资料、记录的方式收集审核证据，这也是信息的来源之一。

(1) 现场审核时查阅的管理体系文件，例如：
——手册、程序、作业指导书；
——标准、准则、规范；
——计划、方案；
——各种报告、记录、电子媒体储存的资料；
——检验、检测、监测、统计、计算数据、图纸、样品；
——清单、台账、单证、表格以及各种记录。

(2) 在审核过程中通过查阅的方法进行抽样调查，验证信息的客观性，寻找管理体系运行的证据。例如：
——证实目标实现情况的测量证据；
——文件的发布和更改是否经责任人的批准；
——图纸、计划、规范是否经过审批；
——文件是否为有效版本；
——实际作业是否符合文件规定（例如检测记录中的项目与检测标准要求的符合性）；
——监视、测量的过程、方法及效果；
——检测器具、检定证书有效性是否超过有效期；
——证书、报告、市场反馈、顾客意见等各种记录；
——数据分析所用的方法是否正确、有效；
——纠正、预防措施实施的效果，管理方案以及应急、应对措施的实施证据、绩效；
——报告、记录内容是否完整等。

(3) 在审核时发现，管理体系中经常会出现一些与文件、记录管理方面的不符合。例如：
——缺少标准，或缺少实际工作所必须要求的文件；
——没有很好地执行文件；
——未经授权的文件更改；

——使用过期或作废的文件;
——忽视对外来文件的控制;
——记录的填写、收集、保管等出现漏洞。

虽然文件、记录最容易出问题,查阅文件、记录也较容易做,但现场审核时,审核员不应把过多的时间用在文件和记录的审核上,在有没有文件、签没签字等问题上花费过多的时间,而应更加注重对过程的监控,过程环节、异常变化的应急和过程结果的审核,以获得过程动作和管理效果的信息。

2. 重复已完成或做过的工作以便证实过程控制的能力

在现场审核中,经常会采用重复的方法来证实、验证受审核方过程能力、活动控制的有效性、操作行为的规范程度等。例如:

(1)抽取已检验过的产品重新检验,通过结果的再现,验证检验的准确性。

(2)重复某项接待的行为,验证其服务的规范化。

(3)重复检测仪器的标准和操作。

(4)可追溯性的实现等。

可根据需要,通过必要的重复活动验证特殊工种人员的能力;通过重复某些过程证实设备、设施、环境等资源配置满足需要、符合规定的要求,证实过程控制的效果和有效性。

但是应注意:重复验证应根据需要和可能性而定,对于代价高、成本高、风险大、不具备重复条件的活动,尽可能不采用重复验证的方法,可通过其他可行、经济的方法达到证实目的。

3. 验证资源的充分性和适宜性

现场审核中审核员可用适宜的方法,去验证:

(1)受审核方是否能够及时、有效地提供适宜、充分的资源,以保证组织满足顾客要求和持续改进体系有效性的需要。

(2)受审核方是否为保证达到策划的实现过程结果的能力和实现所建立的质量目标、实现产品/服务标准提供所需的资源。

(3)当产品和服务、过程、体系发生变化时,受审核方是否能够对资源进行及时的调整和配置,并满足需要。

4. 现场审核记录

在提问、验证、观察中,审核员应做好记录,记下审核中听到、看到的有用的真实材料。这些记录是审核员提出报告的真凭实据。在审核员的笔记中,还可以记录一些与审核问题有关的内容,如内部管理的气氛、员工的态度等。记录这些内容对体系总体评价有一定的好处。

(1)记录的作用。

——便于以后需要时查阅;

——便于核实客观证据时查阅;

——便于同事进行调查时参阅;

——利于有连续性线索的继续审核;

——编写不符合报告和审核报告的原始材料。

(2)记录的要求。

——清楚、全面、易懂,便于查阅、追溯;

——准确、具体,如文件名称、物资标识、产品批号、设备编号、记录编号、合同号码、陈述人职位和工作岗位等；

——及时,当场记下,尽量避免事后回忆、追记。

(3)记录的内容。

在搜集信息过程中,要特别重视做笔记,不能依靠自己的记忆。下面介绍通常要加以记录的一些内容。

1)所会见的关键人员。审核员在审核中会遇到被审核方的许多工作人员,不可能——记录,但关键人员一定要记录。所谓关键人员系指信息提供者、客观证据当事人、客观证据证明人、发现事实在场者等。

2)文件编号和修改版号。在审核中所见到的文件名称、编号、发布日期、修改日期、修改版号等。此处所提到的文件是指质量文件,不仅包括技术文件、管理文件,还包括计算机程序、数据清单、磁盘、磁带等。

审核员在文件发放处记录的文件方面的信息内容,可以在接收处予以核实。

3)设备名称、编号及其校准状态。对制造、加工和检验、试验的设备名称、编号应在审核员记录信息时加以注明,以便讨论时复查;同时,设备的保养情况及其校准状态都是需要记录的内容。尤其是在发现不合格品时,更需要记录设备编号,以及当时的设备使用条件(水、电、压缩空气、日夜班、润滑油等)。

4)物品的标识。要记录与客观事实有关物品的各种标识,例如:零件号、部件号、炉号、批号、条形码、型号、包装、容器或存放物品的货架号等。

5)抽查文件/信息/设备的接受者。通常情况下,没有必要核对所有的接受者,尤其是分发单上有许多接收者时。一般来说,如果有 5 名接收者,则验证其中 3 名已经收到了有关文件、信息或设备也就可以了。

6)人员的识别。人员的识别可以是姓名、工号、印章等。要注意印章的刻制磨损情况,有些字母如"W"与"M"、"J"与"T"以及一些数字"6"与"9"、"7"与"1"、"8"与"3"等因印章磨损或盖印时稍不注意,极易使人员标识出现差错。

对使用计算机的人员,审核员要核查他们调用某程序所用的指令是否是独有的。

7)参照的管理手册/程序文件/作业指导书的版本号和段落号。这些细节无论如何应在核查表中标明。在审核中,要记录实际情况与文件要求的不同之处。审核员在要求被审核方采取纠正措施时,同时提出作为依据的文件版本号和段落号。

8)工作环境。在现场核查时,审核员应记录一下工作环境,例如:空调、通风、含尘量、震动、水、电、气、废气、废液、照明、通道、布局、噪声等等,有些情况会直接影响产品质量。

5. 现场审核中的策略

在审核中,审核员可能会碰到各种各样的人和各种各样的问题。审核员应运用智慧,妥善处理。

下面介绍几种审核中常见的情况和处理方法。

(1)权威:被审核方,尤其是比较大的或专业性较强的工厂,大都有一些具有一定权威的专业技术人员。在审核中,他们可能会滔滔不绝地向你讲出一大串专业技术词汇。对于不熟悉的事物,审核员应敢于说"我不懂",可以礼貌地告诉他你不清楚这事物,并明确你想要的或想要知道的是什么,请他予以合作、提供。

(2)牵制:有些被审核方为了拖住审核员,以减少对管理体系实质性的审核,可能会想出各种各样的理由、花样。当然,有的单位也可能是出于好意或无意。例如:管理人员长时间的讲话;不断向审核员提出与审核无关的问题;长时间地答非所问;告知某人不在但已派人去喊,请"稍等一下";带领审核员去取文件或从一个部门到另一个部门审核,故意绕很多弯路;乘车从一个工地到另一个工地时汽车中途"故障";热心地展示一些"最新的东西";长时间的午餐等。对此,审核员应该果断地予以制止,或要求对方立刻采取有关措施。

(3)争吵:在审核过程中,审核员绝对不能与被审核方人员争吵。否则,既可能使问题复杂化,又有失审核员的身份,影响评审机构的声誉。

(4)求助:有些质量保证或检验员,也可能主动向审核员提供一些有用的信息或"引导"审核员到有缺陷的区域。审核员在提出不符合报告时,应对提供信息者予以"保护",不要随便暴露。

(5)对抗:对被审核方某些人员的敌意和粗暴行为,审核员应尽量以礼貌和耐心予以和解,必要时可寻求高级管理人员的支持。当来自被审核方的阻力大到使审核无法进行时,审核组在征得管理者代表同意后,可以做出停止审核工作的决定。这时,审核组长应向被审核方说明决定停止审核工作的原因及重新开始审核工作的条件。但这是万不得已的事情,应慎重对待。

6.4.7　形成审核发现

应对照审核准则评价审核证据以确定审核发现。审核发现能表明符合或不符合审核准则。当审核计划有规定时,具体的审核发现应包括具有证据支持的符合事项和良好实践、改进机会以及针对受审核方的建议。

应记录不符合及支持不符合的审核证据。可以对不符合进行分级。应与受审核方一起评审不符合,以获得承认,并确认审核证据的准确性,使受审核方理解不符合。应努力解决对审核证据或审核发现有分歧的问题,并记录尚未解决的问题。

审核组应根据需要在审核的适当阶段评审审核发现。

6.4.7.1　附录 B.8——识别和评价审核发现指南

(1)确定审核发现。

当确定审核发现时,应考虑以下内容:

——以往审核记录和结论的跟踪;
——审核委托方的要求;
——非常规活动的发现,或者改进的机会;
——样本量;
——审核发现的分类(如果存在这种情况)。

(2)记录符合性。

对于符合性的记录,应考虑如下内容:

——明确判断符合的审核准则;
——支持符合性的审核证据;
——复合型陈述(适用时)。

(3)记录不符合。

对于不符合性的记录,应考虑如下内容:

——描述或引用审核准则;
——不符合陈述;

——审核证据；
——相关的审核发现(适用时)。

(4)与多个准则相关的审核发现的处理。

在审核中,有可能识别出与多个准则相关的审核发现。在结合审核中,当审核员识别出与一个准则相关的审核发现时,应考虑到这一审核发现对其他管理体系中相应或类似准则的可能影响。

根据审核委托方的安排,审核员也可能提出分别对应每个准则的审核发现,或与多个准则相关的一个审核发现。

根据审核委托方的安排,审核员可以指导受审核方应对这些审核发现。

审核发现的得出示例,见表2-7。

表2-7 审核发现的得出示例表

查什么	怎么查	结果如何	是否符合(审核发现)
查最高管理者是否主持了管理评审	询问最高管理者最近一次管理评审的情况和所做出的决定,看其是否清楚	均清楚表述,与实际相符	Y
查成品仓库是否按标准层高堆码	到仓库现场观察,看是否符合标准	规定5层,XT-200堆7层,其他符合	N
查是否建立了年度培训计划	要求提供本年度培训计划,看其是否有	2006年计划有,内容全	Y

6.4.7.2 对审核中发现的不符合,审核组应开出不符合项报告

不符合项报告是对现场审核得到的观察结果进行评审并经受审核方领导确认的不符合项的陈述,是审核报告的一部分,是审核组提交给审核方的正式文件。

(1)不符合的定义。

根据《管理体系审核指南》中的不合格(不符合)的定义是"未满足要求",而"要求"是指"明示的、通常隐含的或必须履行的需求或期望"。

对管理体系而言,要求一般包括：

1)管理体系标准的要求；

2)适用的法律法规要求(包括法令、法规、条例、规章以及环境保护、职业健康安全、能源和自然资源的保护等)；

3)管理体系文件的规定(包括管理手册、程序文件等)；

4)相关方要求(包括合同要求)。

(2)确定不符合项的原则。

1)规定与实际核对的原则。在审核时,应坚持实际与规定核对的原则。不符合项必须是在规定范围内经过核对的建立在客观证据基础上的观察结果。未经核对的不能判为不符合项,客观证据不充分的不能判为不符合项,超出规定范围的不宜提出不符合项。

2)以客观证据为依据的原则。审核时,凡依据不足的不能判为不符合项。对那些受审核方有意见分歧的不符合项,可通过协商或重新审核来决定。

(3)不符合项性质的判定。

在内部质量体系审核时往往可能发现很多不符合项,按性质来说可分为两类:严重不符合和一般不符合。

1)严重不符合项。严重不符合通常是指系统性失效或缺陷。主要判断标准如下:

a)体系与约定的管理体系标准或文件的要求严重不符。比如:关键的控制程序没有得到贯彻,缺少标准规定的要素或要求等。

b)造成区域性失效的不符合。比如:某供方质量管理体系未覆盖到应实施的某车间或该车间根本未按标准要求组织实施;质量管理体系覆盖的所有的产品中有某个产品未按标准要求进行质量控制;某成品仓库出现了账、物、卡不符,标识不清,状态不明,库房漏雨,出库交付手续混乱等全面失效现象。

c)造成系统性失效的不符合。比如:在用计量、检测设备大部分未按周期进行校准(检定);不合格品的处置大部分未按规定要求进行评审和记录;质量问题的"常见病""多发病",即多次重复发生不符合现象,未能采取有效的纠正措施加以消除。

d)可造成严重后果的不符合项。比如:压力容器的焊接达不到规定要求;船舶的焊接没有按规定进行 X 光探伤;家用电器没有进行绝缘、耐压试验;按错误的图纸进行加工等。这些都直接危及产品、人身安全,或会给企业带来重大经济损失,严重损害企业声誉。

2)一般不符合项。一般不符合是指明显不符合规定要求或对产品质量特性有直接影响的不符合项。比如:部分销售合同未进行评审;检验员职责不明确;几台计量、检测设备超过校准周期;未按规定进行首检自检;质量记录签字不全;文件没有标明日期等。

3)观察项。在审核中,对不符合项进行判定在有些情况下会成为困难的事情,因为其界线很难准确划分。这种区分往往取决于审核组长和审核员的经验和技巧。此时会给出一种类似不符合的报告称为"观察项"。出现"观察项"的情况主要如下:

a)证据略显不足,但估计存在问题,需提醒的事项;

b)已发现问题,尚不能构成不符合,但发展下去就有可能构成不符合的事项;

c)其他需提醒注意的事项。

观察项报告不属于不符合项报告,也不列入最后的审核报告。"观察项"的设置无疑为审核方和受审核方各准备了一个台阶,对于审核气氛具有好处,使用得法也会对内审具有积极意义。在目前的审核中,开具观察项报告的情况并不多见。

(4)不符合项报告的内容。

——受审核部门及负责人姓名、陪同人员;

——审核员姓名;

——审核日期;

——审核依据;

——不符合事实的描述;

——不符合结论(违反标准、文件的章节号、条文);

——不符合的类型(按严重程度判定);

——受审核方的确认;
——对不符合的纠正要求;
——受审核方对纠正措施及完成时间的承诺;
——采取纠正措施后的验证记录等。

不符合项报告的三要素:不符合事实的描述、不符合判标和不符合的分级。这是任一不符合项报告不可缺少的。

(5)不符合项报告陈述要点。不符合项报告陈述要点一般包括以下三方面内容:

1)不符合事实的描述应力求具体,文字尽量简单明了,便于理解。

2)严格引用可以追溯的客观证据(如观察到的事实、地点、当事人,涉及的文件号、产品批号,有关文件内容,有关人员的陈述等),只陈述客观事实,不进行分析、评判,直接表述,不加修饰。

3)结论明确,违反了约定文件(管理体系标准、管理体系文件、合同等)的哪条规定,力求判断得比较准确。如果判断得不准确,纠正措施的方向就会产生偏差。

下文介绍几个不符合项报告的例子。

【例2-1】公司质量管理手册8.1条规定,各部门经理有责任确保每年对职工进行一次业务和管理知识培训,培训结果应记录在每个职工的培训登记表上。

在人事部,随机抽查了10份职工培训登记表,都未记录2014年度的培训结果。人事部经理说去年各部门的工作都很忙,所以未安排培训。

此例所记录的都是客观事实,能够很容易地重新获取。其中人事部经理所说的话是有关其职责范围的工作,审核员做了记录,并经陪同人员签字确认,能够作为客观证据。

从有利于被审核方纠正来考虑,不符合项报告中一定要突出未制订培训计划这一事实;若只写培训表上无2014年度培训记录,则被审核方就可能将此问题归入记录管理一类予以纠正,而漏掉真正的原因。

该例违反了《质量管理手册》的有关规定,即有规定而未执行,是一个实施上的不符合项。

【例2-2】不符合项报告举例。

受审核部门/过程:检验科	审核日期:2016年6月26日
不符合标准及条款号:GB/T 19001—2015标准8.7.1	性　质:□严重　■一般

不符合项描述:(判标时应引用标准具体内容,如同时不符合多个标准时,也应同时做出判断)
审核检验科时发现,三台编号为01012,01015,01016的变压器(10kV)在做耐压试验时,次级线圈均被击穿,试验员换上新线圈后,未重新按检验规程进行检验,即签发了产品合格证,运往成品仓库储存。 　　这不符合公司《不合格品控制程序》第6条:"检验科对返工和返修后的不合格品应重新按检验规程进行检验。"的规定;也不符合ISO 9001:2015标准第8.7.1条关于"对不合格输出进行纠正之后应验证其是否符合要求"的要求。

审核员签名:张××	审核组长签名:王××	受审核方代表签名:杨××

原因分析:
受审核方代表:　　　　　　日期:

续表

纠正/纠正措施：
受审核方代表：　　　　　　　　日期：
纠正措施跟踪情况：
审核员签名：　　　　　　　　　日期：

不符合项报告无固定的格式,可自行设计,但需满足所要求的内容。

6.4.8 准备审核结论

审核组在末次会议之前应充分讨论,以便：
(1)根据审核目标,评审审核发现以及在审核过程中所收集的其他适当信息；
(2)考虑审核过程中固有的不确定因素,对审核结论达成一致；
(3)如果审核计划中有规定,提出建议；
(4)讨论审核后续活动(适用时)。

审核结论可陈述诸如以下内容：
——管理体系与审核准则的符合程度和其稳健程度,包括管理体系满足所声称的目标的有效性；
——管理体系的有效实施、保持和改进；
——管理评审过程在确保管理体系持续的适宜性、充分性、有效性和改进方面的能力；
——审核目标的完成情况、审核范围的覆盖情况,以及审核准则的履行情况；
——审核发现的根本原因(如果审核计划中有要求)；
——为识别趋势从其他受审核领域获得的相似的审核发现。

如果审核计划中有规定,审核结论可提出改进的建议或今后审核活动的建议。

【案例2-1】以下是中国质量认证中心西北评审中心2016年6月对陕西××××有限公司三标初次认证审核的审核结论与推荐意见。

审　核　结　论
根据审核发现,审核组一致认为,<u>陕西××××有限公司</u>(组织名称)的<u>质量、环境和职业健康安全管理体系</u> ■建立、实施符合/□不符合审核准则的要求,体系运行有效/□失效(初审)。 □得到/未得到良好的实施和保持,体系运行有效/□失效(监督)。 □持续符合/未持续符合审核准则的要求,体系运行持续有效/□失效(再认证)。 □变更部分□符合/□不符合审核准则的要求,体系运行有效 □其他

续表

推 荐 意 见
☐推荐(☐认证 ☐再认证 ☐保持认证☐　　　) ■在规定时限内对不符合采取了经审核组评审、接受并证实有效的纠正和纠正措施(对一般不符合提出经审核组评审并接受的纠正和纠正措施计划也可),推荐(■认证☐再认证☐保持认证☐变更) ☐不予推荐(☐认证 ☐再认证☐　　　)或☐暂停认证 <div style="text-align:right">审核组长(签字)/日期:</div>

6.4.9 举行末次会议

审核组长应主持末次会议,提出审核发现和审核结论。参加末次会议的人员包括受审核方管理者和适当的受审核的职能、过程的负责人,也可包括审核委托方和其他有关方面。适用时,审核组长应告知受审核方在审核过程中遇到的可能降低审核结论可信程度的情况。如果管理体系有规定或与审核委托方达成协议,与会者应就针对审核发现而制定的行动计划的时间框架达成一致。

会议的详略程度应与受审核方对审核过程的熟悉程度相一致。在一些情况下,会议应是正式的,并保持会议纪要,包括出席人员的记录。对于另一些情况,例如内部审核,末次会议可以不太正式,只是沟通审核发现和审核结论。

适当时,末次会议应向受审核方阐明下列内容:
——告知受审核方所收集的审核证据是基于已获得的信息样本;
——报告的方法;
——处理审核发现的过程和可能的后果;
——以受审核方管理者理解和认同的方式提出审核发现和审核结论;
——任何相关的审核后续活动(例如:纠正措施的实施、审核投诉的处理、申诉过程)。

应讨论审核组与受审核方之间关于审核发现或审核结论的分歧,并尽可能予以解决。如果不能解决,应予以记录。

如果审核目标有规定,可以提出改进建议,并强调该建议没有约束性。

(1)末次会议的议程。

1)审核组对受审核方在整个审核期间的合作和帮助表示感谢。

2)重申审核的目的和范围。考虑到参加末次会议的人员不一定参加过首次会议审核组长应重申。

3)强调审核的局限性。审核是抽样进行的,存在一定风险。但审核组已尽量使这种抽样具有代表性,使审核结论具有公正性。

4)说明不符合项报告的方式。宣读不符合项报告(如果不符合项报告较多,可选择主要部分),并向受审核方提供不符合项报告副本。

5)提出纠正措施要求。审核组向受审核方提出采取纠正措施的要求,包括确定纠正措施的时间、完成纠正措施的时限、验证纠正措施的方法等。

6)宣读审核结论。审核组长宣布审核结论,并说明审核报告发布时间、方式及其他后续工作要求。

7)征求受审核方意见。

8)请管理者代表在审核报告上签字。

9)审核组再次表示感谢。

10)会议结束,受审核方领导表示感谢,并对改进做出承诺。

(2)末次会议的注意事项。

1)末次会议的重点应围绕不符合项提出纠正措施的要求。

2)审核结果、结论涉及的重要部门和人员应到会,以便实施纠正。

3)末次会议的召开时间是在审核计划中确定的,应保持审核风格和良好的氛围,"准时开始,准时结束"。会议时间通常为不超过1.5小时。

4)末次会议应适当肯定受审核方取得的成功经验和好的做法,不要一味谈问题。

6.5 审核报告的编制和分发

6.5.1 审核报告的编制

审核组长应根据审核方案程序报告审核结果。

审核报告应提供完整、准确、简明和清晰的审核记录,并包括或引用以下内容:

(1)审核目标;

(2)审核范围,尤其是应明确受审核的组织单元和职能单元或过程;

(3)明确审核委托方;

(4)明确审核组和受审核方在审核中的参与人员;

(5)进行审核活动的日期和地点;

(6)审核准则;

(7)审核发现和相关证据;

(8)审核结论;

(9)关于对审核准则遵守程度的陈述。

适当时,审核报告还可以包括或引用以下内容:

——包括日程安排的审核计划;

——审核过程综述,包括遇到可能降低审核结论可靠性的障碍;

——确认在审核范围内,已按审核计划达到审核目标;

——尽管在审核范围内,但没有覆盖到的区域;

——审核结论综述及支持审核结论的主要审核发现;

——审核组和受审核方之间没有解决的分歧意见;

——改进的机会(如果审核计划有规定);

——识别的良好实践;

——商定的后续行动计划(如果有);

——关于内容保密性质的声明;

——对审核方案或后续审核的影响;

——审核报告的分发清单。

审核报告可以在末次会议之前编制。

6.5.2 审核报告的分发

审核报告应在商定的时间期限内提交。如果延迟,应向受审核方和审核方案管理人员通告原因。

审核报告应按审核方案程序的规定注明日期,并经适当的评审和批准。

审核报告应分发至审核程序或审核计划规定的接收人。

对内部审核而言,审核报告应当在商定的时间期限内提交管理层。如果不能完成,应当说明理由,并就新提交日期达成一致。

审核报告应当注明日期,并经评审和批准。

经批准的审核报告应当分发给受审核的各部门。

审核组成员和审核报告的所有接受者都应当尊重并保持报告的保密性。

6.5.3 审核报告编制过程中的常见问题

(1)审核报告根本反映不出受审核方的特点,更有甚者,有些审核报告内容几乎完全一致,仅改变了受审核方名称等个别字眼;

(2)审核报告对管理体系评价的内容相互矛盾;

(3)审核发现难以支撑审核结论;

(4)审核报告内容不全,例如审核报告有些项目和附件均空缺;

(5)审核报告没有分发给受审核方。

【案例2-2】以下是中国质量认证中心西北评审中心2017年2月对陕西××××有限公司三标初次认证审核的审核报告正文。

管理体系审核报告

客户名称:<u>陕西××××有限公司</u>

报告日期:<u>2017.2.27</u>

中国质量认证中心

一、基本信息

客户基本信息					
客户名称	陕西××××有限公司				
地　　址	中国陕西省××××区×××路×号				
管理者代表	×××	联系电话	029—12345678	邮箱	××××××@163.com
审核类型					
■初次二阶段－QES　　□再认证　　□监督　　□证书变更　　□其他：					
审核准则					
■GB/T 19001—2008(idt ISO 9001:2008)□GB/T 50430—50430 ■GB/T 24001—2004　　(idt ISO 14001:2004　　) ■GB/T 28001—2011　　(idt OHSAS 18001:2007　　) □GB/T 22000—　　(idt ISO 22000:　　)相关专项技术要求： □GB/T 27341—　　和GB 14881—　　，其他技术规范：□CAC/RCP1—1969,Rev.(2003)《食品卫生通则》及《HACCP体系及其应用准则》； ■客户管理体系文件　　　　　　■适用法律法规 ■顾客特殊要求　　　　　　　　□其他：					
审核目的					
■初次认证：评价客户管理体系的实施情况，包括有效性，以确定是否推荐认证； □监督：评价客户管理体系的持续符合性和有效性，以确定是否推荐保持认证； □再认证：确认客户管理体系作为一个整体的持续符合性和有效性，以及与认证范围的持续相关性和适宜性，以确定是否推荐再认证； □证书变更：(由审核组长根据变更的具体情况填写) □其他：					
审　核　范　围					
涉及的产品(服务)/活动及相应的场所(应列明所有审核的场所地址，如果每个场所的产品、活动不同，应分别列明)： Q：额定电压450/750V及以下聚氯乙烯绝缘电缆电线、额定电压450/750V及以下塑料绝缘控制电缆、额定电压1kV/3kV绝缘电力电缆、额定电压1kV架空绝缘电缆、10～630mm^2架空绞线的生产 ES：额定电压450/750V及以下聚氯乙烯绝缘电缆电线、额定电压450/750V及以下塑料绝缘控制电缆、额定电压1kV/3kV绝缘电力电缆、额定电压1KV架空绝缘电缆、10～630mm^2架空绞线的生产及相关管理活动 审核地址： 运营地址：中国陕西省××××区×××路×号					
涉及的时期：自　2016　年　2　月至本次现场审核结束日					

续表

审核组情况			
姓名	组内身份	资格及注册编号	CQC编号
周XXZ	组长	Q:L;2012－2－NQ80835 E:L;2012－2－NE81124 S:LA;2013－2－NS80019	CQC02204
雷XZ	QES专业审核员	Q:A(19.04);2014－N1QMS－3095951 E:A(19.04);2014－1－NE80384 S:A(19.04);2014－1－NS80330	CQC03605
颜XXZ	Q专业审核员	Q:A(19.04);2013－1－NQ82492 E:A;2013－1－NE20006 S:A;2013－1－NS20045	CQC13267

二、审核综述

审核综述
1.客户简要： 　　该客户为民营单位,电线电缆制造行业,主要从事各类工业及民用电线电缆、特种电缆的生产。 　　运营场所和注册地址为一处,公司占地面积约××亩,建有办公楼、生产车间、库房和实验室。 　　公司设计生产能力为年产各类电线电缆××亿米。 　　公司经营理念是"诚信致胜 价位致胜 科技致胜 品质致胜 快捷致胜"。 　　公司管体系覆盖范围内的员工××人。 　　公司质量和环境、职业健康安全管理体系的推进部门为办公室,管理体系还下设生技科、质检科、财务科、生产车间、供销科。
2.文件评审情况(适用时):于2017年1月15日对受审核方的管理手册和程序文件(2016.10.1发布实施,A/0版)体系文件(包括发布日期和版本号)进行了评审、结果为:■满足要求 　　□未满足要求:对文件中的问题,受审核方已于　　年　月　日完成了修改,经审核组于　　年　　月　　日重新评审后,符合要求。
3.一阶段审核情况(适用时):于2017年1月20日进行了第一阶段■现场审核/□非现场审核,一阶段审核结果(详见一阶段审核报告): 　　未发现问题 　　■发现问题,其中需要整改的问题 2 项,审核组于2017年 1 月 24 日对组织整改的有效性进行了验证;需要关注的问题,审核组在二阶段对 办公 场所 法律法规获取的充分性和工作场所职业卫生检测 过程/活动的现场审核中实施了进一步的审核和确认。

续表

4.审核计划完成情况： 　　(1)审核计划的调整：■未调整 ，□有调整,调整情况： 　　(2)审核活动完成情况：■完成了全部审核计划内容 　　□未能完成全部计划内容,原因是： 　　□组织对审核活动不配合,审核活动无法进行 　　□组织的　　　　管理体系有重大缺陷,不符合认证标准的要求 　　□组织存在□重大质量安全/□环境/□职业健康安全/□食品安全问题或其他严重违法违规行为 　　□其他原因：
5.本次审核情况： 　　(1)本次审核于2017年2月25日—2017年2月27日进行,审核组一行__3__人,审核了1个场所；涉及1班次,审核实施的地点为：<u>中国陕西省××××区×××路×号</u>,审核组分别于2017年2月25日和 2017 年2月27日组织召开了首、末次会议,具体参会人员详见首、末次会议签到表。 　　(2)收集审核证据的方法包括■现场观察■查阅文件记录■面谈交流□远程审核 ■其他:验证 　　(3)本次审核对在一阶段审核中识别出的重要关键点的__5__项重要审核点的监视、测量、报告和评审记录的完整性和有效性进行了重点审核,审核结果详见本报告第三部分的__三__。 　　(4)本次审核发现严重不符合__0__项,一般不符合__2__项,改进建议__2__项。 　　(5)本次审核是■质量、环境和职业健康安全管理体系的结合审核　□体系的一体化审核　□与(机构名称)的联合审核 　　(6)自上次审核以来,组织的管理体系■无重大变更,□有重大变更,具体情况见本审核报告第三部分的描述。 　　本次审核■达成/□未达成审核目的,原因：
6.审核中遇到的可能影响审核结论、可靠性的不确定因素和(或)障碍(适用时,如断电、火灾、洪灾……):未发生

三、审核发现、审核证据及管理体系评价
1.策划

管理体系方针	
符合性及有效性评价	不符合描述
总经理2017年1月1日发布了公司的管理方针"重顾客要求,创优质产品；遵章守法,安全第一；节能降耗,保护环境；预防为主,持续改进",基本满足标准要求和公司运行实际需求,体现了公司最高管理者的管理承诺,且为建立管理目标提供了框架,总体符合和适宜。	无
体系运行以来,得到保持,未调整。 　　管理方针在公司《管理手册》中有管理方针的描述,在内部通过现场张贴、培训、例会等方式对员工进行了方针内容和含义的传达和宣贯,使员工掌握方针以及为实现方针而努力。同时采取不同的方式为相关方获取和了解。	无

续表

管理体系目标	
符合性及有效性评价	不符合描述
总经理 2017 年 1 月 1 日发布了公司的管理目标指标"顾客满意率≥98%;产品一次交检合格率≥95%;废水排放达到《黄河流域(陕西段)污水综合排放标准》(DB 61—224—2011)二级标准及《污水综合排放标准》(GB 8978—1996)三级标准;厂界噪声排放达到工业企业场界噪声排放标准(GB 12348—2008)的 2 类区的标准;产品生产综合电能消耗同比下降 1%;危险废弃物有效处理率为 100%;伤害频率低于 5;人身死亡和重伤事故(损失工作日等于和超过 105 日的失能伤害事故)为 0;重大火灾事故、重大设备事故为 0;环境污染投诉事故为 0",基本满足标准和方针的要求,可测量,运行以来要求得到保持。 同时结合部门职责和在总目标指标的框架下建立了部门级管理目标和指标。明确了目标测量方法(百分百法、加权平均分和计数法)和测量周期(季度和年度)。 为了实现环境和职业健康安全目标指标还建立有环境和职业健康安全管理方案,方案内容基本满足标准要求以及实现目标指标的需求。	无
风险识别、评价及控制措施策划	
符合性及有效性评价	不符合描述
公司按照《环境因素识别和评价控制程序》《危险源识别、风险评价和控制措施确定控制程序》,由体系推进部门办公室组织体系各部门进行了环境因素和危险源的识别和评价,并形成了文件化的识别和评价结果。审核证实,识别和评价实施流程符合程序的要求。 审核证实,环境因素和危险源识别基本充分。 审核证实,公司评价出的重要环境因素"固体废弃物排放、资源能源消耗、污水排放、厂界噪声排放、火灾"等 4 项基本合理,且体现了行业特点及标准和公司实际运行控制。 审核证实,公司评价出的不可接受风险"触电、火灾爆炸、机械伤害、物体打击、起重伤害"等 5 项基本合理,且体现了行业特点及标准和公司实际运行控制。 同时,针对重要环境因素和需要控制的风险明确了控制措施,包括采取制定目标指标、建立管理方案、建立程序文件、建立管理制度和编制应急预案等管理的控制要求,审核证实,控制措施基本充分和有效。	无
法律法规及其他要求的获取、识别	
符合性及有效性评价	不符合描述
公司按照《适用法律法规和其他要求识别、管理和评价控制程序》由办公室和质检科负责对公司适用的质量环境和职业健康安全方面的法律法规和其他要求以及产品标准、技术标准进行了识别和获取,并形成清单以及获取了相关的印刷版本和电子版本,且在整个公司内部发放了清单和相关版本,使适用部门获取相关的要求。 审核证实,识别和获取了国家、省市的法律、法规、规章、标准,包括消防、固体废弃物、节能降耗、污水排放、应急管理、线缆行业产品标准等方面的法律法规和其他要求、技术标准和规范。 同时证实,识别和获取的法律法规是充分的和有效的。	无

续表

QMS过程确定	
符合性及有效性评价	不符合描述
公司最高管理者对公司的质量管理体系过程和产品实现过程进行了识别和确定，并将识别和确定的结果体现在管理手册、程序文件、作业文件（操作规程、作业指导书、工艺文件、检验规程等）中，包括建立有产品实现控制程序、与顾客有关过程控制、采购控制程序、库房管理制度、进货检验规程等运行文件，同时明确了产品生产实现流程以及产品的质量目标等要求。 公司识别并确定 ISO 9001:2015 标准 8.3 条款不适用，由于公司按照国家法律法规、产品标准和成熟的生产工艺进行生产，故 8.3 不适用合理。 同时识别并确定无外包过程。 审核证实，公司的质量管理体系过程和产品实现过程识别是充分和适宜的。	无

2. 运行

产品实现过程（QMS）	
符合性及有效性评价	不符合描述
公司在《管理手册》、程序文件等运行控制文件中明确了产品实现过程的受控条件，以及与顾客有关过程控制、采购控制、交付及交付后活动和监视和测量设备的控制要求。 建立有《与顾客有关过程控制程序》等运行控制文件，明确了产品要求的确定和评审准则以及与产品信息获取、投标、签约、合同执行、反馈等控制要求。通过抽样审核 5 份产品要求的确定和评审以及顾客沟通的实施，证实与顾客有关过程的控制是有效的，且实施过程证据保持规范有效。 建立有《采购控制程序》等运行控制文件，识别公司采购产品为生产原材料，明确了对原材料分类管理原则、供方选择评价和重新选择和评价的准则、采购信息提出以及与供方沟通采购要求、采购验证准则。通过抽样审核证实，采购过程的控制是有效的，且实施过程证据保持规范有效。 建立有《产品实现控制程序》等运行控制文件，明确了产品实现的流程（拉丝退火、绞合、挤出、成缆、交联、护套），明确了产品生产信息，配置适宜的人员和设备，明确了生产作业指导书、工艺文件、实施监控要求等，审核抽样证实，产品实现过程受控，包括对需要确认的过程（退火、挤塑、交联）实施了初次确认，且采取对生产过程实施了较为严格的监测（温度、压力、速度），生产实现过程的证据保持较为完整规范。同时，识别顾客财产为顾客信息，按照顾客要求实施保密，且签订保密协议。 明确了产品标识、状态标识以及唯一可追溯标识（产品标签一直流转可追溯），控制良好。 明确了原材料、半成品和成品的防护要求，包括储存、装卸、搬运等过程，同时控制有效。 公司同时在生产车间进行 6S 管理，效果显著。 建立有《监视和测量设备控制程序》，明确了监视和测量设备配置、管理和使用的需求。审核证实，公司配置了耐压试验仪、老化试验箱等必要的监视和测量设备，使公司具有一定的监测能力，同时证实，公司对监视和测量设备管理规范，能够按照计划的检定或校准周期委外检定或校准，并及时进行标识，防止非预期使用。	审核生产过程控制，抽查 2016-12-20 拉丝/退火生产工序记录单，发现操作工记录的"退火电流、退火电压"等实测数据，与"AK/JS-L-SB-01-01 铜大拉机工艺卡片"上规定的工艺控制范围不符合。再查阅其他三个不同规格产品的生产记录数据，也与文件要求不符。 上述事实不符合 ISO 9001:2015 标准 8.5.1 的相关要求。

续表

与重要环境因素相关的过程（EMS）	
符合性及有效性评价	不符合描述
公司针对重要环境因素，制定有《能源资源控制程序》《消防管理程序》《特种设备控制程序》《污染物排放控制程序》《废弃物管理制度》等运行控制程序。 公司生产冷却用水循环使用，不外排；办公和食堂生活污水排放主要涉及 SS、COD、NH_3-N 等污染项目。生活污水经化粪池处理后排入示范区污水管网后进入杨凌污水处理厂，餐饮废水经油水分离器处理后排入化粪池再排入示范区污水管网。废油脂直接排入化粪池。雨污分离式，雨水经雨水管道直接排入工厂南侧水渠； 公司噪声源主要来自生产设备（框绞机、挤出机和成缆机等）运行噪声以及内部车辆行驶噪声。厂房、配电房和水泵采取减震、隔音门；设备底部设置减震垫、减震基座，加装隔音玻璃和隔音屏障。厂区内严禁鸣笛，车速为 20km/h。 公司的固体废弃物主要来源于生产过程废弃的铜丝、铝丝、塑料颗粒和包装过程的废弃包装物及包装袋以及办公和食堂的生活垃圾、废油脂。生活垃圾交环卫部门处理；废油脂交有资质的单位处理；废弃钢丝铅丝等可回收工业一般废弃物交固体废物回收商。 公司的废气主要来源于挤出机加热过程塑料有机物挥发产生的有机废气、备用柴油发动机工作时产生的废气和食堂油烟，且均为无组织排放。工艺废气采取换气扇处理。食堂安装安装油烟净化设备，发电机设立废气独立烟道外排。 节能降耗方面，保证工艺的严格落实，防止和减少不合格品的产生；电能消耗，人走关灯，下班关闭电源。生产设备防止空转。 防止火灾发生，为无烟工厂，严禁带入火种至厂内重点防火区域（库房和生产现场），设立独立的危险化学品专用库房（乙醇、涂料等），获取其 MSDS，并配置充分有效的消防器材。	无
与重要危险源、风险相关的过程（OHSMS）	
符合性及有效性评价	不符合描述
公司针对不可接受风险，制定有《消防管理程序》《特种设备控制程序》《危险化学品控制程序》《劳保用品管理制度》《工伤管理制度》《食堂安全卫生管理制度》《岗位安全操作规程》等运行控制文件。	
公司涉及的职业病危害主要为砂轮磨尘（砂轮机）、氯气（挤出机）、噪声（成缆机、砂轮机、挤出机、绞线机等），采取佩戴劳动防护用品（防尘口罩、耳塞）、8 小时工作制，生产现场配置排风扇等方式，减少对操作人员的职业危害；同时对设备进行定期维护保养，防止异常排放导致急性职业危害发生。 针对触电伤害，所有生产设备均进行了接地保护。 针对机械伤害，建立有设备安全操作规程，同时个别设备也有联动保护装置防止意外发生。 针对起重伤害，对设备进行日常点检、周期全检和年度委外检查，保证设备的完好状态，同时对人员进行培训教育，并要求操作时佩戴安全防护用品。 通过对现场的安全防护、劳动防护用品管理、人员三级安全培训教育、6S 的严格管理，防止了物的不安全状态、人的不安全行为等发生，审核证书，公司的不可接受风险控制基本有效。	

续表

与食品安全相关的过程(FH)	
符合性及有效性评价	不符合描述
不涉及。	

应急准备和响应(ES)	
符合性及有效性评价	不符合描述
公司建立了《应急准备和响应控制程序》,明确了应急管理的要求。 公司编制了公司消防应急响应预案,针对火灾、触电、化学品泄漏、食物中毒等的紧急情况的响应;审核证实,紧急情况识别较为充分,预案内容基本可操作。 2016年进行了应急演练,实施效果良好。 同时配置了充分有效的消防器材,以及安全疏散通道畅通。	查火灾应急预案内容时发现,未明确内部应急联络方式,也未考虑有关相关方的需求。 这不符合 GB/T 28001—2011 标准 4.4.7 条和 ISO 14001:2015 标准 8.2 条款的相关要求。

3. 绩效评价

目标的实现情况	
符合性及有效性评价	不符合描述
审核证实,体系各部以及办公室能够按照规定的管理目标测量周期和测量方法,对部门管理目标和公司管理目标的完成情况进行统计和考核,体系运行以来,各级管理目标完成良好,均达到了设定的目标指标值,目标指标要求得到落实。	
查公司管理目标完成情况(2016.7—2016.12): 1. 顾客满意率 98.4%(492/5); 2. 产品一次交检合格率 100%(93/93); 3. 2016 年委外监测:废水排放达到《黄河流域(陕西段)污水综合排放标准》(DB 61—224—2011)二级标准及《污水综合排放标准》(GB 8978—1996)三级标准; 4. 2016 年委外监测:厂界噪声排放达到工业企业场界噪声排放标准(GB 12348—2008)的 2 类区的标准; 5. 产品生产综合电能消耗同比下降 1%;2016 年不考核,2017 年开始进行考核; 6. 危险废弃物有效处理率为 100%(3/3); 7. 伤害频率 0; 8. 未发生人身死亡和重伤事故(损失工作日等于和超过 105 日的失能伤害事故); 9. 未发生重大火灾事故、重大设备事故; 10. 未发生环境污染投诉事故。	无

续表

顾 客 满 意（QMS）	
符合性及有效性评价	不符合描述

公司主要通过发放顾客意见调查表和电话回访等方式获取顾客满意度，同时结合顾客投诉、抱怨和索赔，基本满足标准要求。
  体系运行以来，顾客调查满意显示公司总体的顾客满意率达到 98.4% 的非常满意的水平，且未发生顾客质量投诉、抱怨。
  同时入围了铁道部物资招标采购企业。
	无

监视与测量	
符合性及有效性评价	不符合描述

公司在《管理手册》《产品检验规程》等文件中明确了原材料、工序产品、成品的验收标准，通过对原材料进厂检验、工序产品抽样检验和成品出厂检验证实，公司对产品的监视和测量基本符合准则的要求，验收证据保持规范，基本符合要求。
  公司通过对管理目标完成测量、内审、管理评审、体系运行日常各级检查、顾客满意测量、消防检查、安全生产检查等方式对体系过程进行监视和测量，测量内容较为全面和测量方法科学和合理。
  公司 2017 年 1 月环境竣工验收监测证实，污水和厂界噪声达标排放。
  公司 2017 年 1 月工作场所职业危害因素检测和评价证实，无超标发生。
  公司对涉及职业危害岗位的人员进行了职业健康体检，无职业病、职业禁忌发生。
  审核证实，公司对产品和体系过程的监测和测量符合标准的要求，是有效的。
	无

合规性评价（E/S）、数据分析（QMS）及守法情况	
符合性及有效性评价	不符合描述

公司建立了《合规性评价控制程序》，明确年度集中对适用的法律法规和其他要求遵守情况进行合规性评价，同时明确了评价的方式。
  审核证实，公司能够按照策划的要求，于 2016 年 12 月集中对适用法律法规的落实情况进行合规性评价，参加人员和评价方式、评价流程符合策划的安排，评价结果显示公司的环境体系运行符合适用的法律法规和其他要求的要求。
  建立的《质量手册》8.4 章节，明确了数据统计方式和内容、分析和应用的要求，公司对顾客满意、供方供货质量、不合格品、目标完成进行了统计分析，并对分析结果进行了应用（产品可维修性、交期及时性等方面）。
  公司进行了环境三同时验收、消防备案和工作场所职业危害因素检测和评价实施符合法律法规的要求。
  公司持有的营业执照、组织机构代码证、3C 证书和全国工业产品许可证均符合要求，且有效。
	无

续表

确认和验证(FH)	
符合性及有效性评价	不符合描述
不涉及。	

内 部 审 核	
符合性及有效性评价	不符合描述
建立有《内审审核控制程序》,明确了内审频次基本为12个月一次、内审人员能力及公正性要求、内审准则、内审范围等。 公司于2016年11月8—9日进行了第一次质量和环境、职业健康安全管理体系的内部审核,采取结合内审的方式编制有内审计划,明确了内审时间、2名内审人员组成(经过标准培训考核合格持证同时有公司的授权)、内审活动安排、内审实施部门和实施内容以及审核内容的安排,内审安排充分、适宜,符合标准要求。 内审开具了3个不符合项,责任部门负责人进行原因分析、采取纠正措施、内审人员验证了纠正措施的有效性。 形成了内审报告,对本次内审进行了总结,对公司体系运行的符合性进行了评价(体系运行符合策划和标准的安排)。 审核证实,内审真实、有效,基本达到内审目的,内审结果在内部进行了沟通。	无

管 理 评 审	
符合性及有效性评价	不符合描述
建立有《管理评审控制程序》,明确了管理评审的频次(基本为12个月一次)、评审方式、主持人、评审目的、输入要求、输出要求等。 公司于2016年11月20日进行了第一次质量和环境和职业健康安全管理体系的管理评审,采取结合管理评审的方式,编制了评审计划,明确了议题、目的、参加人和资料准备要求,符合程序的要求。 审核证实,评审主持人、输入、输出满足策划的安排和标准的要求,管理评审真实、有效,基本达到目的。 管理评审结果在内部进行了沟通。	无

4. 持续改进

不符合与纠正措施,预防措施	
符合性及有效性评价	不符合描述
建立有质量管理体系的《不合格品控制程序》和《事件调查、不符合、纠正措施和预防措施控制程序》,明确了不合格品处理、不符合整改、采取纠正措施和预防措施的需求、实施要求的控制。 针对发现的不合格品实施了规范的处置,且保持了较为规范的处置证据。 同时针对质量、环境和管理体系日常检查中发现的问题均能够采取纠正、纠正措施,防止类似问题发生。 审核证实,公司针对数据分析结果和管理评审改进要求的提出,在内部实施了预防措施。	无

续表

持 续 改 进	
符合性及有效性评价	不符合描述
公司目前主要是采取管理目标的完成测量、管理方案落实检查、体系日常三级检查发现问题整改、不合格处置等的实施来改进体系运行的持续有效性。 审核证实,公司管理体系的持续改进机制健全和运行基本有效。	无

5. 支持

资 源 保 障	
符合性及有效性评价	不符合描述
公司为民营单位,专业人员均具有20多年同行业的实践经验。 公司配置了先进的适宜的生产设施设备,且进行了维保和及时维修,针对特种设备进行了定期的委外检验均合格。 配置了环保设施(化粪池、排风扇、油水分离装置、油烟净化器等),运行正常。 配置了充分了劳动防护用品(防尘口罩、耳塞、防砸鞋等)和安全防护设施(排风扇、安全门等)。 公司目前无信息系统的使用。 每个部门配置有至少一名内审员。 资源配置基本充分、适宜。	无

能 力、意 识	
符合性及有效性评价	不符合描述
审核证实,公司明确了各个岗位的能力要求,并通过培训等方式不断提高其胜任本职岗位的能力要求,尤其是各级管理人员、技术人员、操作人员、库管员、检验人员等岗位人员满足运行需求,同时提高员工的体系意识,养成良好的管理习惯。 能够按照培训计划的安排实施培训,且进行了培训有效性评价,并保持了培训和有效性评价记录。 同时,岗位技能培训和消防培训层级较多。	

信 息 沟 通	
符合性及有效性评价	不符合描述
审核证实,公司的三大管理体系相关信息的内外部沟通、交流、协商和参与的职责、方式、记录保持等明确及实施有效,符合公司《信息交流和协商参与控制程序》的要求。 主要通过定期会议、电话、通知、网络等方式沟通和交流,沟通交流、协商等内容满足需求。职业健康安全事务代表基本能够履行职责(组织文体活动、妇女讲座、心理健康讲座等)。	无

续表

文件和记录的管理	
符合性及有效性评价	不符合描述
公司的管理体系文件包括管理手册、程序文件、作业文件、运行记录。 审核证实,公司的体系文件满足标准要求及公司的实际运行。对文件实施发布前的审批、使用处获取、标识和保管等规范。 外来文件主要是示范区管委会及其下属的安监分局、环保分局的行政来文,公司能够做到来文登记、签批及发文登记。 同时审核证实,审核现场查阅的体系运行记录,管理规范(保护、保存、标识、查阅等)、填写规范(完整、清晰等)和真实有效,符合标准和公司《记录控制程序》的要求。	无

6. 其他

认证证书及标志的使用(初审不适用)
//
紧急情况、事故
体系运行以来,未发生紧急情况和事故。
上次审核不符合纠正措施的验证(初审不适用)
//
重大变更及符合性(适用时)
未发生。
审核组和客户之间的尚未解决的分歧意见(适用时)
未发生。

注:不符合按照其严重程度分为:一般不符合和严重不符合,不符合描述需对应出标准及条款。

四、审核中观察到的其他事项

做得比较好的方面
1.与顾客有关的过程控制。 2.采购控制。 3.产品的监视和测量。
改进建议/机会
1.环境和职业健康安全法律法规的培训学习。 2.职责的细化。

五、审核结论及推荐意见

审　核　结　论
根据审核发现,审核组一致认为,__陕西××××有限公司__（组织名称）的 __质量、环境和职业健康安全__ 管理体系 　　■建立、实施符合/□不符合审核准则的要求,体系运行有效/□失效（初审）。 　　□得到/□未得到良好的实施和保持,体系运行有效/□失效（监督）。 　　□持续符合/□未持续符合审核准则的要求,体系运行持续有效/□失效（再认证） 　　□变更部分□符合/□不符合审核准则的要求,体系运行有效 　　□其他
推　荐　意　见
□推荐（□认证　□再认证　□保持认证　□　　　　） 　　■在规定时限内对不符合采取了经审核组评审、接受并证实有效的纠正和纠正措施（对一般不符合提出经审核组评审并接受的纠正和纠正措施计划也可）,推荐（■认证　□再认证　□保持认证　□变更　　　） 　　□不予推荐（□认证　□再认证　□　　　　）或□暂停认证 　　　　　　　　　　　　　　　　　　　　　　　　　　审核组长（签字）/日期：

六、后续行动

不符合项整改要求
不符合项的纠正措施及相应证明资料（一般不符合可以是整改计划）需要在 2017 年 4 月 15 日之前提交给审核组,审核组将采取■材料评审/□现场跟踪审核的方式,对不符合项的纠正措施的有效性进行确认。 　　注：不符合项的整改措施应在规定的时间内提交,否则,本次审核将失效,组织的认证证书将被暂停或撤销。
下次审核的说明
下一次审核的审核类型：■第__1__次监督审核　□再认证审核　□其他 　　下次审核需要在__2018__年__2__月__27__日之前完成。 　　下次审核的关注点： 　　—产品实现过程控制符合性； 　　—应急预案内容的充分性。
审核派出机构意见
□同意审核组意见 □不同意审核组意见 　　　　　　　　　　　　　　　　　　　　　　　　　CQC 授权人（签字）/日期：

续表

其 他 说 明(适用时填写)
与末次会议上提供给客户信息的差异说明:无 审核组长(签字)/日期:
注1:本报告附件■首末次会议签到表 ■审核计划 □必要的用于相关事实的证据或记录,包括数字或照片 □F/H审核技术报告 注2:由于审核发现和审核结论是在抽样的基础上做出,因此具有一定的不确定性; 注3:若对本报告或审核人员的工作有异议,可在收到本报告之日起30日内向中国质量认证中心提出申诉/投诉(专线电话:010－83886899、自动传真:010－83886039、信箱:sts@cqc.com.cn)。 注4:本报告所有权属于CQC。
审核报告的签收
我方(组织名称:__陕西××××有限公司__)已经收悉由CQC 2017年2月28日签发的关于2017年2月25日—2017年2月27日进行的 __质量、环境管理和职业健康安全管理__ 体系 __注册__ 审核的审核报告(报告共计:__12__页)。 报告签收人(签字):　　　　　　　　　　所在部门:　　　　　　职务: 日 期: 联系电话:

【案例2－3】某公司内审报告示例。

××建筑有限公司内部审核报告

编号:2017－01

被审核方	内审计划所列9个项目部、10个职能部门和最高管理层	起至日期	2017.2.16—2.23	审核编号	2017－01
内审组成员:内审组长:××× 　　　　　　本次审核共分二个内审小组,第一小组:组长　××　　组员　××× 　　　　　　　　　　　　　　　　　　　　第二小组:组长　××　　组员　×××					
审核依据: 　1.公司2017年度整合型管理体系内审计划; 　2.公司整合型管理体系文件(C版)及支持性文件; 　3.国家推荐标准GB/T 19001—2016,GB/T 24001—2016,GB/T 28001—2011; 　4.国家现行相关法律、法规及标准规范的有效版本。					

续表

审核概述： 　　按照2017年年度公司质量、环境和职业健康安全整合型管理体系内审计划的安排,公司认证办于2017年2月5日向司属各部门、各项目经理部下发了2017年度整合型管理体系内部审核实施计划,管理者代表任命了审核组。认证办将审核组分成两个内审小组于2月16日至23日,按内审实施计划的日程安排对各自审核的部门和工程项目依据事先编制的内部审核检查表,认直进行了审核。现将2017年第一次年度内部审核情况报告如下： 　　首先感谢在这次内审过程中给予大力支持和积极配合的公司领导、各业务部门领导、各项目经理部经理和相关工作员,由于大家的支持、配合,使得此次内审计划得以按计划有效、顺利地实施。 　　在这次内审期间,同公司领导进行了座谈对话,对公司十个与体系运行有关的职能部门和九个在建的工程项目实施了审核。 　　这次审核覆盖了质量、环境和职业健康安全三个标准的全部条款及管理手册和管理体系的31个程序文件。审核过程采用条款、程序全数检查,运行资料随机抽样的方法,但由于取样面广、量大,完全能反映出公司整合型管理体系自去年外部监督审核以来体系运行的基本情况： 　　一、管理体系运行符合体系标准和程序要求的方面 　　1.公司的管理方针和管理目标在各单位都得到了较好的贯彻和实施。各单位大都针对公司管理目标的要求,建立了各自的管理目标,同时制定了实现各自管理目标的保证措施,各自目标同公司管理目标都能保持一致,保证措施内容全面具体,有针对性,并做到目标、指标尽可能量化,便于考核,并且都同公司签订了管理目标责任书,从而将目标、指标落到实处。因此较好地保证了公司管理目标的落实和实现。 　　截至目前：工程质量合格率100%;实现3A工程3个,占工程28.7%;2A工程17个,占75.5%;无工程质量事故。 　　合同履约率100%。 　　安全管理方面：杜绝了重大伤亡事故、火灾事故、重大机械事故和交通事故。施工现场安全达标合格率100%,安全达标优良率71%,轻伤事故率控制在4‰以内。 　　环境管理方面：建成3个市级文明工地、3个省级文明工地。无环境事故。 　　2.各业务部门、各项目经理部都建立了管理体系要素分配表,落实到人,职责明确。都能按照公司管理手册和程序文件的要求进行体系的运行。这次接受审核的9个在建的工程在管理上都编制有涵盖三个体系标准要求的施工组织设计,并按此组织施工,进行施工过程的控制;环境管理和职业健康安全管理都针对具体施工项目进行了环境因素和危险源的调查,对调查出的环境因素和危险源进行了评价,从中确定出重要环境因素和重大危险源,然后针对重要环境因素编制了环境管理方案,针对重大危险源编制了职业健康安全管理方案,并都按方案组织实施、监督、检查。这些总的基本要求,各项目经理部都实施了,而且实施得比较好。体系运行总体评价是正常的、有效的。 　　3.公司各主控部门大都能履行主控职责,加强了对相关部门和各工程项目的监督检查,检查记录也较为完善。 　　二、看到成绩的同时,更要看到不足和问题,这样才能改进、完善和提高 　　这次内审共开出不合格项报告24个,其中工程部2个,安全管理部1个,质量技术部1个,供应部1个,办公室1个,人力资源部1个,经营部1个,第1项目经理部2个,第2项目经理部2个,第3项目经理部2个,第4项目经理部2个,第5项目经理部2个,第6项目经理部2个,第7项目经理部2个,第8项目经理部1个,第9项目经理部1个。 　　不合格项报告在质量、环境、职业健康安全三个体系上的分布分别为质量管理体系14个,环境管理体系5个,职业健康安全管理体系5个。

续表

不合格项报告按主控部门划分为工程部 6 个,安全管理部 4 个,质量技术部 6 个,办公室 2 个,供应部 2 个,认证办 1 个,经营部 2 个,人力资源部 1 个。 　　不合格项报告反映的问题,希望能引起大家高度重视,认真整改并要求举一反三,不断改进、完善、提高,确保公司整合型管理体系正常、有效运行。 　　三、改进建议 　　1.质量技术部、工程部、安全管理部作为质量环境、职业健康安全管理体系的主控部门,要加大对项目经理部监督、检查和指导的力度,以确保质量、环境和职业健康安全管理体系的正常、有效运行。 　　2.办公室要加强对文件资料管理的监督、检查和指导,确保施工人员及时得到有效文件,工程技术文件、设计变更要及时登记和发放,这些既关系到减少施工损失,又关系到以后的工程结算,应引起各项目经理部对工程技术文件及变更资料管理的足够重视。 　　3.供应部、工程部、质量技术部要重视对物资供方/劳务供方/试验供方的评价,确保采购供方的选择、供方的评价、合格供方的使用管理处于受控状态,以确保采购物资/劳务/试验供方的质量。这个程序由供应部主控,项目经理部大都分配材料员管理这个程序,但要注意劳务供方、试验供方的管理。 　　4.鉴于公司人员变动较大,新增人员较多,人力资源部应充分重视业务人员和特种作业人员的持证上岗工作的管理,确保公司管理目标——持证上岗率 100%。 　　5.各部门、各项目经理部要充分认识贯标在规范企业管理中的重要作用,不断提高贯标意识,提高贯标的自觉性。
审核组长:×××　　　　　　　　　　　　　　　　　　　　　　管理者代表:×××

6.6　审核的完成

当所有策划的审核活动已经执行或出现与审核委托方约定的情形时(例如出现了妨碍完成审核计划的非预期情形),审核即告结束。

审核的相关文件应根据参与各方的协议,按照审核方案的程序或适用要求予以保存或销毁。

除非法律法规要求,若没有得到审核委托方和受审核方(适当时)的明确批准,审核组和审核方案管理人员不应向任何其他方泄露相关文件的内容以及审核中获得的其他信息或审核报告的内容。如果需要披露审核文件的内容,应尽快通知审核委托方和受审核方。

从审核中获得的经验教训应作为受审核组织的管理体系的持续改进过程的输入。

一般内部审核形成的记录如下:

(1)内审计划;

(2)内审计划发放登记表;

(3)内审首次会议签到表(会议记录);

(4)内审末次会议签到表(会议记录);

(5)内审报告;

(6)内审报告发放登记表;

(7)不符合项报告(尽量闭环);

(8)检查表汇总。

6.7 审核后续活动的实施

根据审核目标,审核结论可以表明采取纠正、纠正措施和预防措施或改进措施的需要。此类措施通常由受审核方确定并在商定的期限内实施。适当时,受审核方应将这些措施的实施状况告知审核方案管理人员和审核组。

应对措施的完成情况及有效性进行验证。验证可以是后续审核活动的一部分。

对审核中提出的不符合项,通常由被审核方提出纠正措施,再由审核组或主管部门安排进行跟踪评审验证,以验证纠正措施的实施情况和有效性。

对纠正措施实施情况和效果的跟踪审核一般包括两种方法:书面跟踪和现场跟踪。对于一般不符合项,如果受审核方的纠正措施未对管理体系做较大调整且根据受审核方提供的书面材料(记录、文件等)或其他媒体的材料(计算机文件、照片、录像等)即可判断其实施情况和有效性时,可采用书面方式进行评审和验证,根据审核方案管理程序的规定,确定在下次审核时是否需要再进行一次现场验证。对于必须进行现场验证的不符合项,应根据受审核方有关采取纠正措施的实施信息,安排审核人员到现场进行评审验证。严重不符合项一般应采用现场跟踪审核方式验证纠正措施的有效性。

审核方案可规定由审核组成员进行审核后续活动,通过发挥审核组成员的专长实现增值。在这种情况下,应当注意随后审核活动的独立性。

跟踪评审验证时,审核人员首先应对受审核方对产生不符合项所分析出的原因进行评价,以评估是否已分析出主要原因;其次应对受审核方针对这些原因所采取的纠正措施进行评价,以确认这些措施是否能达到防止类似问题再发生的目的,这时应特别注意"纠正"和"纠正措施"的区别,对那些仅仅是纠正不符合的措施不应接受,要求受审核方重新采取纠正措施;最后,再通过受审核方提供的资料或审核人员在现场获得的信息,评价纠正措施实施的效果和有效性(见表2-8)。

表2-8 不符合项报告表

受审核部门/过程:检验科	审核日期:2017年2月26日
不符合标准及条款号:GB/T 19001—2015标准8.7.1	性 质:□严重 ■一般
不符合项描述:(判标时应引用标准具体内容,如同时不符合多个标准时,也应同时做出判断) 　　审核检验科时发现,三台编号为01012,01015,01016的变压器(10kV)在做耐压试验时,次级线圈均被击穿,试验员换上新线圈后,未重新按检验规程进行检验,即签发了产品合格证,运往成品仓库储存。 　　这不符合公司《不合格品控制程序》第6条:"检验科对返工和返修后的不合格品应重新按检验规程进行检验。"的规定;也不符合ISO 9001:2015标准第8.7.1条关于"对不合格输出进行纠正之后应验证其是否符合要求"的要求。	
审核员签名:张×× 　　审核组长签名:王×× 　　受审核方代表签名:杨××	
原因分析: 　　1.因检验员疏忽,忘记对处置后的不合格品应再次检验的规定。 　　2.现场无纠错提示。 　　　　受审核方代表:杨××	日期:2017年3月12日

续表

纠正/纠正措施：	
1.对上述三台未重新检验的变压器重新做耐压检验。见附件一。 2.确认因检验不合格而更换了元件后入库的产品,重新进行检验。见附件二。 3.检验科应组织对检验员的培训,并确保所有的检验员了解有关文件规定,不再发生类似情况。见附件三。 4.在供更换备件的备件筐上加贴"更换元件需重新检验"的提示标志。见附件四。	
受审核方代表:杨××	日期:2017年3月12日
纠正措施跟踪情况： 1.查阅检验记录,已进行了相关的检验,未发现不合格。 2.询问了该岗位的3名检验员,已明确了重新检验的规定,并意识到违规的后果。 3.已用不干胶(字样:更换元件需重新检验)在5个元件筐上加贴标志。 以上纠正措施已实施并经验证有效。	
审核员签名:李××	日期:2017年3月20日

第七节 审核员的能力和评价

7.1 总则

对审核过程的信心和达到目标的能力取决于参与策划和实施审核的人员(包括审核员和审核组长)的能力。应通过一个过程对人员能力进行评价,该评价过程应考虑个人行为表现以及应用知识和技能的能力。这些知识和技能是通过教育、工作经历、审核员培训和审核经历获得的。评价过程应考虑审核方案及其目标的需要。7.2.3描述的知识和技能,有一些是所有管理体系领域的审核员通用的,其他的则是特定管理体系领域审核员专用的。没有必要要求一个审核组的所有人员具有相同的能力,但是审核组的整体能力相对于达到审核目标而言应是充分的。

审核员能力的评价应根据审核方案(包括其程序)进行策划、实施并形成文件,以提供客观、一致、公正和可靠的结果。评价过程应包括以下4个主要步骤：
（1）确定满足审核方案需求的审核人员能力；
（2）建立评价准则；
（3）选择适当的评价方法；
（4）实施评价。

评价过程的结果应为下列各项活动提供基础：
（1）按照GB/T 19011—2013中5.4.4的内容选择审核组成员；
（2）确定提高能力的需求(例如更多的培训)；
（3）审核员日常表现的评价。

审核员应通过持续专业发展活动和定期参加审核来形成、保持和提高他们的能力(见

GB/T 19011—2013 中 7.6)。

审核员和审核组长的评价过程见 GB/T 19011—2013 中 7.4 和 7.5。

审核员和审核组长的评价准则见 GB/T 19011—2013 中 7.2.2 和 7.2.3。

审核方案管理人员的能力要求见 GB/T 19011—2013 中 5.3.2。

7.2 确定满足审核方案需求的审核人员能力

7.2.1 总则

在确定审核员适宜的知识和技能时,应考虑下列因素:

——被审核组织的规模性质和复杂程度;
——被审核管理体系的领域;
——审核方案的目标和范围;
——其他要求(适用时),如外部机构提出的要求;
——审核过程在受审核方管理体系中的作用;
——被审核管理体系的复杂程度;
——审核目标实现过程中的不确定性。

这些信息应与 GB/T 19011—2013 中 7.2.3 和 7.2.4 相匹配。

7.2.2 个人行为

审核员应具备必要的素质,使其能够按照第 4 章所描述的审核原则进行工作。审核员应在从事审核活动时展现职业素养,包括:

——有道德,即公正、可靠、忠诚、诚信和谨慎;
——思想开明,即愿意考虑不同意见或观点;
——善于交往,即灵活地与人交往;
——善于观察,即主动地认识周围环境和活动;
——有感知力,即能了解和理解处境;
——适应力强,即容易适应不同处境;
——坚定不移,即对实现目标坚持不懈;
——明晰,即能够根据逻辑推理和分析及时得出结论;
——自立,即能够在同其他人有效交往中独立工作并发挥作用;
——坚韧不拔,即能够采取负责任的及合理的行动,即使这些行动可能是非常规的和有时可能导致分歧或冲突;
——与时俱进,即愿意学习,并力争获得更好的审核结果;
——文化敏感,即善于观察和尊重受审核方的文化;
——协同力,即有效地与其他人互动,包括审核组成员和受审核方人员。

7.2.3 知识和技能

7.2.3.1 总则

审核员应具有达到审核预期结果的必要知识与技能。所有审核员应具有通用的知识和技能,还应具有一些特定领域与专业的知识和技能。审核组长还应具备更多的领导审核组的知识和技能。

7.2.3.2 管理体系审核员的通用知识和技能

审核员应具有下述几方面的知识和技能：

(1)审核原则、程序和方法。这方面的知识和技能使审核员能将适用的原则、程序和方法应用于不同的审核并保证审核实施的一致性和系统性。审核员应能够：

——运用审核原则、程序和方法；

——对工作进行有效的策划和组织；

——按商定的时间表进行审核；

——优先关注重要问题；

——通过有效的面谈、倾听、观察，以及对文件、记录和数据的评审来收集信息；

——理解并考虑专家的意见；

——理解审核中运用抽样技术的适宜性及其后果；

——验证所收集信息的相关性和准确性；

——确认审核证据的充分性和适宜性，以支持审核发现和审核结论；

——评定影响审核发现和审核结论的可靠性的因素；

——使用工作文件以记录审核活动；

——将审核发现形成文件，并编制适宜的审核报告；

——维护信息、数据、文件和记录的保密性和安全性；

——直接或通过翻译人员，进行口头或书面的有效沟通；

——理解与审核有关的各类风险。

(2)管理体系和引用文件。这方面的知识和技能使审核员能理解审核范围并运用审核准则，应包括：

——管理体系标准或用作审核准则的其他文件；

——适用时，受审核方和其他组织对管理体系标准的运用；

——管理体系各组成部分之间的相互作用；

——了解引用文件的层次关系；

——引用文件在不同的审核情况下的运用。

(3)组织概况。这方面的知识和技能使审核员能理解受审核方的结构、业务和管理实践，应包括：

——组织的类型、治理、规模、结构、职能和相互关系；

——通用的业务和管理概念，过程和相关术语，包括策划、预算和人员管理；

——受审核方的文化和社会习俗。

(4)适用的法律法规要求、合同要求和适用于受审核方的其他要求。这方面的知识和技能使审核员能了解适用于组织的法律法规和合同要求，并在此环境下开展工作。与法律责任或受审核方活动和产品有关的知识和技能包括：

——法律、法规及其主管机构；

——基本的法律术语；

——合约及责任。

7.2.3.3 管理体系审核员的特定领域与专业的知识与技能

审核员应具有特定领域和专业的知识与技能，以适应管理体系特定领域和专业的审核。

虽然不要求审核组成员都具有相同的能力,但审核组的整体能力应足以实现审核目标。

审核员的特定领域和专业的知识和技能包括:

——特定领域管理体系的要求、原则及其运用;

——与特定领域和专业有关的法律法规要求,如审核员应知晓与法律责任、受审核方的义务、活动及产品相关的要求;

——与特定领域有关的相关方的要求;

——特定领域的基础知识,业务经营基础知识,特定技术领域的知识,应足以使审核员能评价受审核方的活动、过程和产品(商品或服务);

——与特定领域与专业有关的风险管理原则、方法和技术,以是审核员能评估和控制与审核方案有关的风险。

注:审核员专业知识和技能的指南和说明示例见标准的附录 A。

1. 质量管理领域审核员的专业知识和技能说明示例

质量管理的相关知识和技能及其方法、技术、过程和实践的应用,应足以使审核员能够审核该管理体系并形成适当的审核发现和结论。比如:

——与质量、管理、组织、过程、产品、服务、外包、战略、创新、质量特性、形成文件的信息、审核和测量过程等相关的术语;

——以顾客为关注焦点、与顾客相关的过程、顾客满意的监视和测量、投诉处理、行为规范、争议解决;

——最高管理者的作用,追求组织的持续成功;

——质量管理方法,通过质量管理实现财务和经济效益、质量管理体系和卓越模式;

——人员参与、人员因素、能力、培训和意识;

——过程方法、过程分析、能力和控制技术、风险处理方法;

——管理的系统方法(质量管理体系的原理、质量管理体系和其他管理体系的关注点、质量管理体系文件)、类型和价值、项目、质量计划、技术状态管理;

——持续改进、创新和学习;

——基于事实的决策方法、风险评估技术(风险识别、分析和评价)、质量管理评价(审核、评审和自我评价)、测量和监视技术、对测量过程和测量设备的要求、根本原因分析、统计技术;

——过程和产品(包括服务)的特性;

——与供方互利的关系、质量管理体系要求和对产品的要求、不同行业对质量管理的特定要求。

2. 环境管理领域审核员专业知识和技能说明示例

环境管理的相关知识和技能及其方法、技术、过程和实践的应用,应足以使审核员能够审核该管理体系并形成适当的审核发现和结论。比如:

——环境术语;

——环境指标和统计;

——测量科学和监测技术;

——生态系统和生物多样性的相互作用;

——环境介质(例如空气、水、土地、动物、植物);

——确定风险的技术(例如环境因素和(或)影响评价,包括评价重要性的方法);

——生命周期评价；

——环境绩效评价；

——污染预防和控制(例如现有最好的污染控制或能效技术)；

——源头削减、废弃物最少化、重新使用、回收和处理实践以及过程；

——有害物质的使用；

——温室气体排放核算和管理；

——自然资源管理(例如化石燃料、水、植物和动物、土地)；

——环境设计；

——环境报告和披露；

——产品延伸责任；

——可再生和低碳技术。

3.职业健康安全管理领域审核员的专业知识和技能的说明示例

(1)通用知识和技能。

职业健康安全管理的相关知识和技能及其方法、技术、过程和实践的应用,应足以使审核员能够审核该管理体系并形成适当的审核发现和结论。比如：

——危险源辨识,包括那些在工作场所影响人体机能的因素(例如物理、化学和生物因素,性别、年龄、生理缺陷或者其他生理、心里或健康因素)；

——风险评价,确定控制措施,和风险沟通(确定控制措施宜基于控制措施的层级选择顺序(见 GB/T 28001—2011,4.3.1))；

——健康和人员因素的评价(包括胜利和心理因素)和评定原则；

——暴露的监视方法及其职业健康安全风险评价(包括上述人员因素之外的或与职业健康相关的)和消除或者减小这些暴露的相关策略；

——认得行为,人与人的相互作用及人与机器、过程和工作环境的相互作用(包括工作环境、人因工效和安全设计原则,信息和沟通技术)；

——组织所要求的不同类型和层级的职业健康安全能力的评价和该能力的评定；

——鼓励员工参与的方法；

——鼓励员工健康生活和自律的方法,包括他们的工作时间和私人生活；

——主动和被动的绩效测量方法和指标的制定、使用和评价；

——识别潜在的紧急情况以及应急计划等；

——事件(包括事故和工作相关的疾病)调查和评价的方法；

——与健康相关信息的确定和使用(包括工作相关的暴露和疾病监控数据),但应特别关注这些信息的特殊方面的机密性；

——医学信息的理解(包括医疗术语以充分理解有关预防伤害和健康损害的数据)；

——"职业暴露限量"值的体系；

——监测和报告职业健康安全绩效的方法；

——理解与职业健康安全相关的法律法规和其他需求,使得审核员能够评价职业健康安全管理体系。

(2)与受审核行业相关的知识和技能。

与受审核行业相关的知识和技能应能使审核员掌握行业情况,以审核管理体系并形成适当的审核发现和结论。比如：

——与特定运作和行业相关的过程、设备、原材料、有毒有害物质、过程循环、维护、后勤,工作流程的组织、工作实践、倒班制、组织文化、领导作用、行为和其他事项;

——典型的危险源和风险,包括与行业相关的健康和人员因素。

7.2.3.4　审核组长的通用知识和技能

审核组长应当具有管理和领导审核组的知识和技能,以便审核能有效和高效地进行。审核组长应具备必要的知识和技能,以便：

(1)平衡审核组成员的强项与弱项;

(2)监理审核组成员间的和谐工作关系;

(3)管理审核过程,包括：

——对审核进行策划并在审核中有效地利用资源;

——对达到审核目标的不确定性进行管理;

——在审核期间保护审核组成员的健康和安全,包括确保审核员遵守相关健康和安全、安保的要求。

——协调和智慧审核组成员;

——必要时,预防和解决冲突。

(4)代表审核组与审核方案管理人员、审核委托方和受审核方进行沟通;

(5)引导审核组得出审核结论;

(6)编制和完成审核报告。

7.2.3.5　多领域管理体系审核的知识和技能

多领域管理体系审核组的审核员应至少具有审核一个领域管理体系的能力并理解不同管理体系之间的相互关系和协同作用。

多领域管理体系审核组长应理解每一领域管理体系标准的要求,并意识到审核组成员在不同领域的知识和技能方面的局限。

7.2.4　审核员能力的获得

审核员知识和技能可通过下列途径获得：

(1)正规的教育和(或)培训以及工作的经历,这些应有助于获得被审核的管理体系领域和专业方面的知识和技能。

(2)包含审核员通用知识和技能的培训课程。

(3)在相关技术、管理或专业岗位的工作经历,这些岗位应与判断、决策、问题解决以及与管理人员、专业人员、同行、顾客和其他相关方沟通有关。

(4)在相同领域审核员监督下获得的审核经历。

7.2.5　审核组长

审核组长应具有附加的审核经历来获得标准 7.2.3 所要求的知识和技能。这种附加的审核经历应是在不同的审核组长指导下获得的。

7.3　审核员评价准则的建立

准则应是定性的(如在工作中或培训中经证实的个人行为、知识或技能表现)和定量的(如工作年限、受教育年限、审核次数、审核培训小时数)。

7.4 选择适当的审核员评价方法

应选择表中的两种或更多的方法来进行评价。在使用表2-9时,应注意下列事项(列出的方法提供了一个可选范围,但可能不适用所有情况):

(1)列出的各种方法在可信程度上可能有所不同;
(2)应当结合运用多种方法进行评价以确保结果的客观、一致、公平和可信。

表2-9 评价方法举例

评价方法	目　　标	示　　例
对记录的评审	对审核员背景的验证	对教育、培训、工作经历记录,专业证书以及审核经历记录的分析
反馈	提供关于审核员表现的信息	调查表、问卷表、个人资料、证书、投诉、表现评价,同行评审
面谈	评价个人行为和沟通技巧,验证信息,测试知识,获得更多信息	个人交谈
观察	评价个人行为以及运用知识和技能的能力	角色扮演,见证审核,岗位表现
测试	评价个人行为、知识和技能及其应用	口试,笔试,心理测试
审核后的评审	提供有关审核员在审核活动期间的表现信息,识别优势和不足	评审审核报告,与审核组长、审核组成员交谈,受审核方的反馈信息(适用时)

7.5 进行审核员评价

收集的个人信息应与标准7.2.3中的准则进行比照。当拟参与审核方案的人员不能满足准则要求时,则应增加更多的培训、工作或审核经历,并进行后续的再评审。

7.6 保持并提高审核员能力

审核员和审核组组长应不断提高他们的能力。审核员应通过定期参加管理体系审核和持续专业发展来保持他们的审核能力。持续专业发展应包括能力的保持和提高,获得的方式诸如:更多的工作经历,培训,个人学习,辅导,参加会议、研讨、论坛或其他相关活动。

审核方案管理人员应建立合适的运行机制,对审核组长和审核员的表现进行持续评价。

持续专业发展活动应考虑以下几方面:
(1)实施审核的组织和个人的需求变化;
(2)审核实践;
(3)相关标准以及其他要求。

第三章　审核案例分析

第一节　质量管理体系认证审核常见问题分析

1.1　案例分析

西北评审中心针对多年的审核数据进行了一次案例分析。对 1 000 家已认证企业不符合项的分布情况，以及第 19 大类 247 家企业、第 18 大类 134 家企业和第 17 大类 128 家企业不符合项情况进行比对，发现位于前 8 项的不符合项的条款竟完全一致。后又对 300 家企业监督审核情况进行分析，不符合项对应条款仅增加了一项，即不合格品的控制，其他条款完全一致。通过进一步的统计分析，不符合项通常表现形式如下：

1. 产品的监视和测量
(1) 没有产品标准或没有最终产品验收依据，最终产品是否合格缺乏判定准则；
(2) 没有明确产品验收计划，检验员不明确检验时机和内容；
(3) 让步过程失控，检验尚未完成，即将产品交付下道工序或顾客；
(4) 没有明确谁有权放行产品；
(5) 检验员没有按检验规程规定检验产品，包括随意减少检验项目和检验频次；
(6) 抽样数量和方法不符，检验方法不对，检验记录填写不符合要求等。

2. 采购控制
(1) 采购人员不清楚采购的产品对随后产品实现或最终产品的影响程度，所有的采购活动均以考虑经济性为主；
(2) 对采购品不进行任何分类，入厂也不做检查或验证；
(3) 没有制订选择、评价和重新评价供方的准则或准则的制订不符合组织的情况；
(4) 采购人员没有按照组织制订的原则选择供方；
(5) 没有建立供方的任何档案或者档案不全，无法对供方能力进行评价；
(6) 对供方的评价结果或评价引起的任何必要措施不做记录或记录不全。

3. 文件控制
(1) 文件控制程序内容不全面，没有包括组织内质量管理体系所要求的所有文件；
(2) 现场使用未经批准的文件；
(3) 文件版本混乱，分不清哪个是现行版本；
(4) 文件没有分发给相关的人员，相关人员不知道文件的内容；

(5)文件未经批准,随意更改;
(6)文件的更改没有及时分发。

4.生产和服务提供的控制
(1)操作人员没有相应的文件,对自己从事的工作不清楚;
(2)操作人员违章操作;
(3)设备配备不适宜;
(4)没有相应的监视和测量装置;
(5)没有实施监视和测量;
(6)没有明确放行、交付和交付后活动的实施或实施情况不符合要求。

5.监视和测量装置的控制
(1)没有明确哪些监视和测量装置需要周期性校准;
(2)按规定一些需要周期性校准的监视和测量装置没有周期性校准,或者无故延长校准周期;
(3)校准人员没有校准资格;
(4)随意调整测量和监控装置;
(5)没有对测量和监控用的计算机软件进行管理;
(6)对一些在当地校准难度大的设备,基本处于失控状态。

1.2 结论

通过本案例的研究与分析,得出西北地区企业在质量管理体系认证中通常在下列八方面容易出现问题:
(1)产品的监视和测量;
(2)采购控制;
(3)文件控制;
(4)生产和服务提供的控制;
(5)监视和测量装置的控制;
(6)与产品有关的要求评审;
(7)能力意识和培训;
(8)生产和服务提供过程的确认。

作为企业,特别要抓好两头,即采购产品的质量和最终产品的质量,注重文件化的管理。作为审核员,在审核过程中,应关注上述问题。

第二节 质量管理体系(QMS)典型案例分析

2.1 ××电子有限公司

【不符合项描述】现场发现印刷车间存放不合格品,质量技术部未进行相关处理,不能提供"不合格品处置单"。不符合 ISO 9001:2015 标准 8.7 的规定。

【点评】事实描述不具可追溯性。应注重事实的客观描述,对车间存放的不合格品是什么东西? 什么时候产生的? 组织文件是如何规定的? 应明确陈述。不符合标准条款判定太粗,应明确至小条款或标准的具体要求。

2.2 ×××设备制造公司

【不符合项描述】审核时发现,一、二车间热压机器上积尘及油污较多,未及时清除,未按要求对设备进行维护保养。不符合 ISO 9001:2015 标准 8.5.1 条款的规定。

【点评】标准 8.5.1 条款是指组织策划生产和服务提供的受控条件时,在适用时应包括使用适宜的设备。而标准 7.1.3 条款要求组织确定、提供并维护为达到产品符合要求所需的基础设施。本案例中组织"未按要求对设备进行维护保养"属于没有"维护为达到产品符合要求所需的基础设施。"所以应判不符合标准 7.1.3 条款的规定。

2.3 ×××电器制造公司

【不符合项描述】审核发现未对 2016 年 4 月新进并安排到五车间的 12 名操作人员进行岗前技能培训,未对 2016 年 4 月转岗到关键工序木材干燥岗位的人员进行技能鉴定。不符合 ISO 9001:2015 标准 8.5.1 e)之规定。

【点评】本案例中组织错在未对岗前和转岗员工进行培训和技能鉴定就上岗。组织应先对岗前和转岗员工进行培训和能力评价后再安排员工上岗。所以,应该判不符合标准 7.2 b)条款的规定。

2.4 ×××锻压机床股份有限公司

【不符合项描述】公司的部分产品是在交付客户后进行调试、安装的,审核时未见公司对现场安装调试活动做出相应的作业指导规范。以上事实不符合 ISO 9001:2015 标准 8.5.1 2)的要求。

【原因分析】原来认为公司产品在厂内已经过全面试车,全部合格出厂。且派出的调试人员都是技术过硬的,熟悉和了解产品要求,能够为用户做好安装调试工作,同时也要求调试工没有用户满意的回执不能回厂。到目前为止,尚未有用户不满意。因此没有制定到用户现场安装调试的指导文件。

【纠正措施】已由研究所编制了安装调试指导文件,以便做好产品交付后的活动,使顾客更加满意。附件《安装调试指导书》。

【组长验证】纠正措施有效。

【点评】标准 8.5.1 生产和服务提供的控制之要求为组织应策划并在受控条件下进行生产和服务提供。适用时,受控条件应包括拟获得的结果。从受审核方的原因分析看,组织已对该过程进行了策划、控制,且该过程运行比较有效。所以此不符合项出具欠妥。

2.5 ×××有限公司

【不符合项描述】《质量手册》8.4.2 规定对产品符合规定要求的情况进行统计,抽查 2016 年对"产品一次提交合格率"完成情况未进行统计,不符合 ISO 9001:2015 标准 9.1.1 的要求。

【点评】标准 9.1.1 要求组织应评价质量管理体系的绩效和有效性。

确定、收集和分析适当的数据;组织的《质量手册》要求对产品符合规定要求的情况进行统计,事实表述中并没有明确要求统计"产品一次提交合格率的情况",且证明产品符合规定要求的方式和形式有多种,并不一定局限于"产品一次提交合格率的情况"。所以在出具不符合时,应明确组织是否已确定要收集和分析的数据,然后再提出未实施统计分析的不符合事实。作为审核员应进一步审核组织是否明确对产品符合规定要求情况的数据统计要求,即具体需统计哪些数据,然后再出具不符合项报告。

2.6 ×××机械有限公司

【不符合项描述】现场未能提供"过程监控记录",不符合《质量手册》7.5章4.2.4(1)条规定:车间对过程参数进行监视和控制,并做好记录,加以保存。

【组织的原因分析】因对标准8.5.1 f)条款及《质量手册》7.5章4.2.4条款理解不全面,致使对喷漆过程的监控未形成记录。

【纠正措施】设计"喷漆过程监控记录",对喷漆过程的监控进行记录;对相关人员进行标准8.5.1条款及《质量手册》7.5章4.2.4条款内容的培训,杜绝类似问题再次发生。

组长跟踪验证结论为可以接受,需在下次审核中验证其有效性。

【点评】一是,不符合项未判标。二是,不符合事实表述:"现场未能提供'过程监控记录'",其范围太大、不具体,如果所有过程监控记录都不能提供,此不符合项的性质将界定为严重不符合。

由不符合项报告可以看出,不符合事实是"车间不能提供对过程参数实施监视和控制的记录",组织的原因分析为"对喷漆过程的监控未形成记录",因此,不符合的事实实际上应为不能提供喷漆过程监控记录。

由此可见,一方面可能是审核组对发现的不符合事实没有继续深入审核"组织是否明确了其需实施监视和控制的过程及参数,以及该过程的运行状况",而导致不符合事实表述不清楚。另一方面可能是受审核方的实际情况就是对所有的现场过程参数监控没有进行记录,受审核方的纠正及纠正措施不到位。

2.7 ×××机械有限公司

【不符合项描述】装配现场摆放的TYPJ－830型三轮汽车装配用零件:各种螺丝、垫圈、方向机齿轮轴等无标识。ISO 9001:2015标准8.5.2标识和可追溯性:适当时,组织应在产品实现的全过程中使用适宜的方法识别产品。

【组织采取的纠正措施】挂上"螺丝""垫圈""方向机齿轮轴"等标牌。

【点评】审核员不能机械地理解"标识",以及标准对标识的要求。

【标准要求】需要时,组织应采用适当的方法识别输出,以确保产品和服务合格。所以审核标识时首先要考虑"需要时"的概念;另外,组织的标识可以是多种多样的,可以是标签、标牌,也可以是产品本身的特征,如颜色、外形等,只要能满足识别产品的需求。因此,仅仅为让组织对这些五金件挂上标牌而开出不符合项是否适宜。

此案例中审核员应审核组织的相关人员是否可以辨识装配用的零件,而不产生错用。再进一步审核有无发生过因缺少标签、标识而导致装配错误的事件发生,以及组织的原因分析和纠正预防措施的情况。

2.8　×××塑料制品有限公司

【不符合项描述】查监视和测量装置的控制情况,对公司使用的千分尺、台秤等国家强制检定校准的计量器具,不能提供校准记录和合格证明。不符合 ISO 9001:2015 标准 7.1.5 条款要求。

【点评】不符合项报告中使用国家强制检定校准的概念不准确。实行强制检定的计量器具有社会公用计量标准器具,部门和企业、事业单位使用的最高计量标准器具,以及用于贸易结算、安全防护、医疗卫生、环境监测方面的列入强制检定目录的工作计量器具。其他计量器具不属于此范围。

计量器具的准确性是通过检定或校准来确定的,所以证明计量器具准确度的文件应是检定证书或校准报告,不能是合格证明。

ISO 9001 标准关注的是组织的质量管理体系,其他不在此范围内的问题,审核员在审核时如发现可以指出并记录,也可以在审核报告中说明评价,一般不建议出具书面的不符合项报告。

2.9　×××食品有限公司

【不符合项描述】审核时发现公司于 2010.7.11 生产的糖水黄桃桃条对开,组织偏软,判定为不合格。但无法提供相应的该批产品的处理记录,不符合 ISO 9001:2015 标准 8.7 条款的要求。

【原因分析】当时该批产品已通知另外堆放做内销处理,未形成书面文件。

【纠正措施】组织相关人员学习 ISO 9001:2015 体系中《不合格品控制程序》,补上该批产品的处理通知。

【审核组确认】纠正措施有效。

【点评】不符合项报告的目的是告知受审核方管理体系存在的缺陷,在与受审核方沟通时审核组有义务对不符合的事实与标准的要求进行解释说明,以促进受审核方对不符合项的理解,进而针对问题分析原因,采取适宜的、有效的纠正和预防措施。而上述案例很明显受审核方分析的原因并反映不符合项问题的本质,是否真的做了内销处理?为什么没有处理记录?是否管理机制存在问题等都需要受审核方进一步深入分析。而所谓的纠正措施也不到位,不能有效改变问题的根源,防止类似问题的再发生,"补上该批产品的处理通知"仅为纠正,培训《不合格品控制程序》显然无太大的意义。审核组长或组员在确认受审核方对不符合项的原因分析、纠正和纠正措施是否适宜有效时,应注意从改进管理体系有效运行的角度去评价。

下文列举有效的纠正措施案例,供参考。

【不符合项报告】《混合工序作业指导书》规定:材料混合时应保证混合温度在 45~55℃,混合时间 37~42 分钟。现场审核中发现正在进行混合,但是监测的温度计指示值为 40℃。上述事实不符合 ISO 9001:2015 标准 8.5.1 的要求。

【通常不完善的纠正措施】

(1)立即要求设备科购买加热棒,维修加热装置;

(2)加强员工的质量意识和温度检查。

【适宜有效的纠正措施】

(1)立即停止该工序的生产,并由技术科和检验科于3日内,对已经生产出的"可疑产品"进行评价,并确定相应的措施;

(2)10日内,由采购科采购加热棒,维修设备加热装置,生产车间验收;

(3)对混合炉的管理增加点检要求;

(4)由技术科、检验科、生产科、车间和采购科共同确定每种设备关键部件的最低库存数量;一旦库存数量达到或低于最低库存量,采购科立即组织采购。

2.10 质量管理体系(QMS)审核过程中需特别关注的问题

(1)质量方针是否体现了企业的宗旨及质量承诺,反映了顾客的期望与要求及法律法规的符合性。质量目标是否可测量,有考核。

(2)是否按规定时间进行管理评审(每年至少一次),且具有一定的范围和深度,按照管理评审结果(管理评审输出)采取了必要的纠正、预防措施,措施是否经确认,验证证明有效实施。

(3)是否按计划开展了内部质量审核,配备具有专业知识和审核能力的审核人员,审核具有一定频次和深度(一般一年两次),企业能保持与改进的良性循环管理机制。

(4)对发生的不合格,包括外部质量信息反映的问题,是否采取了纠正措施和预防措施,对纠正结果是否有验证(或提交管理评审),能防止问题的再发生。对因安全问题出厂的不合格品有召回程序。

(5)查售后服务记录,顾客对产品安全质量的投诉意见,对服务内容、实施方式、服务结果验证的满意程度。对不安全的产品是否实施召回。

(6)对质量体系认证证书及其标志的使用是否符合规定。

(7)设计和开发过程是否满足标准要求,如对不适用的条款有无合理性的说明。

(8)设计和开发,审核其是否按标准要求,结合产品特点规定适宜的设计过程控制活动(如设计阶段、输入、输出、评审、验证、确认、更改等)。

(9)是否将适用的国家有关法令、法规、标准要求(特别是强制性要求:安全性、工厂的基础设施的要求)作为设计输入文件贯彻实施。

(10)查采购依据的文件、资料,质量要求是否明确。

(11)对原材料,外购件、外协件安全控制及进货检验验证是否按规定进行,对主要原材料的质量要求是否满足最终产品的安全质量要求。

(12)对产品或服务过程的关键质量特性、重要的工艺参数,是否进行监视或控制,并制订了适宜的操作指导文件。

1)查看生产工艺流程,作业计划,在制品标识,文件的有效版本;

2)关键质量特性,重要工序的监控,包括:

——人:资质、培训、体检、持证上岗;

——机:日常维护,需要时对设备认可,精密度、准确度满足要求;

——料:符合工艺、保持标识;

——法:作业指导书,质量、卫生记录,统计技术;

——环:符合工作条件要求和相关法规要求;

——信息:质量信息流转、反馈渠道畅通。

(13)明确关键过程(工序)连续监控、方法、人员、设备等符合有关规定。

(14)需要进行过程确认的,需规定必要时进行连续监控的工艺参数,人员资格,过程鉴定并记录。

(15)在策划检验活动时,是否充分考虑并依据法规/产品/标准/内控标准/合同要求,包括检验指导书、检验记录等所有必要的基本文件要求。

(16)是否根据测量任务需要使用适当的设备,对关键质量特性是否配备了满足质量要求的测试条件和具有资格的人员。

(17)质量手册颁布实施时间,申请认证时间,现场审核时间,认证注册时间。

(18)认证机构对初次审核,监督审核(复评)派审核人员资格、专业能力,企业是否清楚,用的人日数是否满足要求(可调阅审核计划)。

(19)是否按规定开具不合格报告,对不合格报告有无纠正措施计划,实施结果如何见证或验证,有无验证结果签署意见。

(20)审核结果是否建立在对质量体系有效性的总体评价的基础上。

第三节　环境管理体系(EMS)典型案例分析

3.1　×××味素有限公司　生产部(仓库)

【不符合项描述】《仓库防火安全管理规范》要求对化学品的储存依据甲、乙、……、戊分5类进行管理,但询问公司NaOH储存管理人员对NaOH分类管理知识不熟悉,也不知NaOH属哪一类化学品。不符合ISO 14001:2015标准7.2要求。

【组织的原因分析】公司管理人员疏忽,没有及时将相关文件下发给仓储人员学习。

【组织的纠正措施】下发相关文件,组织仓储人员培训学习。

【审核组的纠正措施跟踪情况】纠正措施有效。

【点评】审核员缺少相关危险化学品的知识,NaOH属于易腐蚀化学品,不属于易燃化学品。如果公司管理人员经常发生工作上的疏忽,而导致公司的文件要求不能及时传达到位,人员的能力没有保障,组织的管理体系是不能正常运行的,所以应针对不符合发生的原因,采取相应的纠正和纠正措施。"下发相关文件,组织仓储人员培训学习"属于纠正,对公司管理人员教育培训,提升其管理能力,以防止以后类似不符合的发生,才是纠正措施。

3.2　×××柠檬酸有限公司

【不符合项描述】一个年产10 000 t柠檬酸的生产企业,其重要环境因素仅包括蒸汽的消耗、噪声的排放、酸/碱的泄漏。

【点评】显然重要环境因素评价结果是不合理的。无论如何,作为柠檬酸生产企业的特征污染物——废水的排放应为该企业的重要环境因素。该企业废水总排口的排水量达4 000 t/天,且当地环境行政保护部门对该公司的三同时验收意见有"建设单位要进一步加强污染治理设施运行管理,确保废水处理设施的正常运转,使污染物稳定达标排放",即使现在废水处理设施的正常运转,使污染物稳定达标排放,使现在废水能达到二级标准排放,如果设备出现故障或其他异常/紧急情况,均可导致超标排放;同时由于该公司的废水排放量大,污染物的排放总量大,对河流会产生一定程度的污染。此外审核组对企业如何预防污染关注不够,此类企业预防污染的重点是保证种子培养和发酵过程不染菌。

3.3 ×××机械有限公司

【不符合项描述】未对固废进行分类,含油棉纱和含油手套放在生活垃圾中,不符合 ISO 14001:2015 标准 8.1 要求。

企业提供的纠正材料是对固废进行分类的照片,含油棉纱和含油手套单独放在一桶内,从照片看此桶是露天放置的。

【点评】含油棉纱和含油手套属于危险固废,应防风、防雨和防晒,露天放置不能满足法律法规的要求。

3.4 ×××纺织有限责任公司

【不符合项描述】现场审核发现,用电消耗目标为 1 268 kWh/t,查 1 月份用电消耗为 1 410 kWh/t ,超出了目标的要求,对此没有进行原因分析,也没有采取纠正预防措施。判标结果为不符合 ISO 14001:2015 标准 9.1.2 要求。

【点评】这是典型的判标错误。9.1.2 是组织对自身法律法规和其他要求符合性的评价,组织的目标和指标不能作为合规性评价的对象,即便是发现了不符合法律法规的事实也不能简单判在 9.1.2,而是应根据不同的场景就近判标,常判的条款有 8.1,9.1.1 和 10.2 等。本案例不符合最佳的判标,显然应为 10.2:"组织应建立、实施并保持一个或多个程序,用来处理实际或潜在的不符合,采取纠正措施和预防措施,b)对不符合进行调查,确定其产生原因,并采取措施以避免再度发生。"

3.5 ×××园林有限公司

【不符合项描述】审核组在行政部审核时发现,该部门无法提供于××××年××月××日进行的消防演练的效果评价报告,这不符合 ISO 14001:2015 标准中 10.2 条款"组织应建立、实施并保持一个或多个程序,用来…… e)评审所采取的纠正和预防措施的有效性"的要求。

【点评】遇到与火灾、消防有关的问题,首先应该想到 8.2 应急准备和响应,组织进行消防演练应属于对应急准备和响应程序的试验,至于效果评价报告则应作为"组织定期评审其应准备和响应程序"的输入。因此,本案例的不符合应判在 8.2。

3.6 ×××家具公司

【不符合项描述】GB 18584—2001《室内装饰装修材料 木家具中有害物质限量》中规定,甲醛≤1.5mg/L,重金属可溶性铅、镉、汞分别小于 90mg/L,75mg/L,60mg/L。抽查 2015 年、2016 年公司送检报告。其中 2015 年无上述指标的测定,2016 年还不能提供相应的报告。无法评定组织产品对相关法律法规的符合情况。上述不符合 ISO 14001:2015 标准 9.1.2 条要求。

【点评】这项不符合发现得非常好,证明审核员关注了组织产品中的环境因素,并对相关的法律法规有很好的掌握。但是,判标错误了。根据不符合事实描述,组织未对产品中的环境因素的控制结果(即产品的环境绩效)进行必要的监测,应该直接判定为9.1.1(总则)的不符合,而不应该判定为9.1.2(合规性评价)的不符合。

3.7　×××金刚砂有限公司

审核员对生产车间8.2条款的审核记录为,制定有火灾的应急响应预案,车间放有6只灭火器均在有效期内。事实上车间处理粉尘用除尘器,审核员只关注了袋式除尘器正常运行时的参数控制和除尘效率。

【点评】审核员在安排8.2条款的审核时,往往把关注的焦点都放在了火灾的应急与响应上,实际上对于不同的行业、不同的部门,8.2条款所关注的侧重点是有所不同的。比如对于本案例的情形,应着重关注除尘器故障(如滤袋破损、清灰不畅等)导致的除尘效率急剧下降,生产过程粉尘的异常大量排放导致除尘器处理负荷激增等情况下的应急与响应。对于污水站的审核,8.2条款审核的侧重点则应放在污水处理设施的故障,产生废水的车间异常排放大量高浓度废水,大雨或暴雨等异常情况的应急与响应。对于油库、危险化学品仓库等场所,除了关注火灾的应急响应之外,还对危险化学品的潜在泄漏规定应急响应措施。

3.8　×××水泥有限公司

组织的合规性评价见表3-1(摘录)。

表3-1　合规性评价

法律法规	评价结果	评价部门
污水综合排放标准	符合	安环科
水泥工业大气污染物排放标准	符合	安环科

审核员对9.1.2条款的审核记录为查组织的合规性评价表、结果均符合。

【点评】从04版标准将组织对法律法规符合性的评价从4.5.1监测和测量中分离出来形成了4.5.2条款,到目前最新版9.1.2单独形成条款,可见9.1.2在新版标准中的地位。然而在实际审核中,有些审核员对该条款的审核过于简单,有些组织的合规性评价开展的也不够充分。

以上法律法规符合性评价太过笼统,审核有效性差。一般说来,组织合规性评价至少应包含以下内容:法律法规名称、适用条款、执行情况、评价结果、评价部门。对于已识别的全部法律法规和其他要求均应逐一评价,有定量要求的标准一般应有相应的监测数据,方式可以委外监测也可以组织自行实施,但无论采用何种方式均应保证监测数据的准确、有效。组织自行监测时应着重关注监测和测量设备的校准、验证和维护情况以及监测人员的能力、监测的相关记录(结合9.1.1条款实施),必要时到相关部门进行跟踪与验证。对于没有量化要求的法律法规,组织也应依据适用条款的要求进行实事求是的评价,评价结果作为管理评审的重要输入应能反映组织遵守法律法规的真实情况,从而为下一个PDCA循环的实施做好准备。

3.9　×××人造革制品集团有限公司

组织提交了种类齐全的水、气、声的监测报告,其中一台炉窑烟气的监测值为392.2 mg/m³,根据 GB 9078—1996《工业炉窑大气污染物排放标准》应达到的标准是 250 mg/m³。而组织的合规性评价是对所有法律法规标准均符合,审核组并未就此提出任何的质疑。

【点评】审核组织关注了监测报告的完整性,但是并没有考察其符合性,现在组织的污染物监测很多是委托监测,而非环境稽查监测,因此并未给出是否达标排放的具体结论,这就要求审核员在审核中能够判断污染物监测值是否达到了相关标准的要求(可以参照环评批复的要求和相关法规、标准)。对于超标的现象,审核组应引起重视,并进一步审核组织是否针对超标现象采取了原因分析和相应的纠正措施,并进一步判断组织合规性评价是否准确、客观。

3.10 ×××电子有限公司

根据环评批复和地方法规的要求,组织的生活污水经处理达到二级标准后排入×××污水处理厂(GB 8978—1996《污水综合排放标准》要求排入城镇污水处理厂的污水执行三级标准),而组织提供的废水监测报告项目中 COD(化学耗氧量),BOD(生化需氧量)和氨氮分别达到三级、三级和二级标准。此外,由于接受废水的×××污水厂近期以来不能正常运转,故而根据当地环保局的最新文件,该企业应执行污水综合排放一级标准。

审核组对上述现象并未引起重视,也未开出不符合项。

【点评】按照当地环保局的最新文件,该公司目前应该执行的排放标准是一级标准,这样,通过监测报告我们可以看出:该组织目前排放的废水是远远不能满足标准要求的,也就是说存在超标违法的现象。审核组应该对这一现象展开追踪。

(1)查受审核方是否将最新的环保局要求识别出来,作为自己目前污水应该执行的适用标准,如否,则是 6.1.3 的不符合项。

(2)查此监测报告是否是在环保局的最新文件颁布之后实施监测的,如果是,应查受审核方是否针对此监测结果进行了合规性评价,是否发现了存在的不符合情况,是否针对这一不符合项制订了合理有效的纠正措施(如制订改进的管理方案),该纠正措施是否正在得到实施等。如果上述都不存在问题,则说明受审核方的体系正常运行,是符合标准要求的;否则,在上述哪个环节出现了问题,就应该开出哪个环节的不符合项来。

如果本监测报告是在环保局新要求颁布之前进行的,那就要查受审核方在收到环保局新要求后,是否在污水控制方面采取了新的控制措施,以满足加严了的排放要求,并是否重新监测,以证明符合新的排放要求,等等。

虽然 ISO 14001:2015 标准(GB/T 28001—2011 标准)中没有哪个条款明确要求组织必须遵守法律法规的要求,但如果标准的 5.2(环境/职业健康安全方针),6.1.3(合规义务),9.1.1(监视、测量、分析和评价总则),9.1.2(合规性评价),10.2(不符合和纠正措施)等条款能够被正确地策划和有效运行的话,组织应该是遵守法律法规的。因此,审核组在现场审核中应通过查阅监测报告、环评/安评批复、三同时验收报告、废弃物处理转移记录(五联单)、相关资质证书,以及现场观察等方法来验证受审核方的法律法规符合性;如果在审核中发现了组织有超标、违法行为后,应该引起足够的重视,需进一步追踪,发现体系上存在的问题。

3.11 ×××科技有限公司

【不符合项描述】巡视污水处理站发现现场没有操作工,污水处理设施也没有运行,而生产车间在正常生产。以上事实不符合 ISO 14001:2015 8.1 条款的要求。判定为严重不符合项。

【原因分析】因为审核时正在进行高浓度废水处理工程改造,所以污水处理站没有正常运行。

【纠正措施】×××设计院已于××××年××月××日(现场审核后约一个月)完成了公司高浓度废水处理工程,现已正常运行,出水经检测合格。

【纠正措施跟踪情况】纠正措施有效。

【点评】这项不符合项发现得很好,而且审核组敢于依据事实出具严重不符合项报告,说明审核组是认真负责的,但是后期的跟踪和验证不够充分。

另外,该企业可能涉嫌故意违法,审核组应进一步追踪,了解其停运的具体时间、是否就停运一事向当地环保部门报告并得到批准(法规有要求)、是否受到环保部门的处罚,并追踪污水处理设施停运期间的生产情况和污水的去向以及各项污染指标的排放情况;改造污水处理站是否进行了环评并予批复,处理能力是否能满足要求等。

3.12 环境管理体系(EMS)审核需注意的几个问题

1. 生活污水是否需要监测

ISO14001:2015 标准 9.1.1 中要求组织应对环境绩效进行监测,生活污水的排放是一项环境因素,那么组织对其管理的情况如何,同时对其排放进行监测后才能了解,因此,通常情况下,最好对生活污水的排放进行监测,执行的标准是《污水综合排放标准》(有地方标准的除外),尤其是以下行业的生活污水必须有监测报告:

(1)自然风景、旅游区;

(2)宾馆;

(3)物业;

(4)环评批复中有要求的;

(5)地方法律法规有要求的;

(6)生活污水属于组织的主要环境问题(如劳动密集型企业)。

审核员认为,凡是废水排入城镇污水处理站的组织都可以免予废水监测、控制,至于是否达标排放是污水处理站的事,其实这是一个误区。首先,国家标准规定排入设置二级污水处理厂的城镇排水系统的污水应达到三级标准,一般的生活污水如不经任何处理将很难完全达标;其次,高浓度的生活污水会给污水处理站的正常运行带来很大冲击,因为目前的城镇污水站多采用活性污泥法处理污水,超标的污水可能会危及微生物的生存状况,进而导致系统的瘫痪,对于调节能力差的污水站尤其如此;再次,作为 ISO 14001 标准的要求,组织应对"可能具有重大环境影响的运行的关键特性进行监测和测量"以及"遵守法律法规和持续改进的承诺""合规性评价",组织都应对其生活污水进行必要的监测和控制;最后,不少人可能认为生活污水对环境的危害不像生产废水那么严重,继而忽视对生活污水的相关审核,这其实也是一个误区。据统计,我国生活污水的排放总量和对水体的污染程度都已超过了生产废水,而造成江河湖泊水体富营养化和海洋赤潮的主要污染物大都来自生活污水,因此,有必要加强对生活污水的关注。

2. 废气排放应监测哪些项目

《大气污染物综合排放标准》中显示,对于有组织排放的废气,其污染物排放的限值有两个指标:浓度(mg/m³)和速率(kg/h),速率指标的大小与排气筒的高度有关。因此,对于有组织排放的废气,应同时监测废气的排放速率和浓度;对于无组织排放的废气,只需监测浓度。

另外,审核组应关注环评批复中的要求,如:排气筒的最低高度、必须有组织排放等。

3. 是否每年需有污染物监测报告

对于污染物的监测,是 ISO 14001:2015 标准中 9.1.1 的要求,也是组织实施合规性评价输入材料,因此,对于企业的主要污染物,需至少每年实施一次监测。

4. 对于企业小型发电机产生的废气是否需监测?

是否需监测应分情况而定:

(1)按照当地环保部门和环评批复的要求,如广东地区对发电机的排放有明确的要求;

(2)长期(发电机使用的时间超出了组织用电时间的一半以上)使用需监测(天然气作为燃料的除外);

(3)除以上情况之外的,可以不监测。

5. 监测机构资质问题

因为是环境管理体系认证,所以污染物排放最好请当地的环境监测站来监测,或者通过计量(CMA)认证的检测机构来检测。

另外,监测排放污染物时,需由监测机构采样,而不能组织送样,对于送样的监测结果,因没有公正性,将不被认可。

第四节 职业健康安全管理体系(OHSMS)典型案例分析

4.1 ×××电力有限公司识别的重要危险源

×××电力有限公司识别的重要危险源见表 3-2。

表 3-2 ×××电力有限公司识别的不可接受风险分类表

序号	不可接受风险名称	存在部门	备注
1	锅炉、压力容器、压力管道	生产部、车间	
2	机械伤害	车间	
3	涂复和焊接过程废气	车间	
4	R600a 和环戊烷站	生产部、车间	
5	火灾和爆炸	全公司	
6	产品高压检测	车间	

【点评】该公司不可接受风险评价中存在以下几个问题,但审核组未能关注。

(1)该公司危险源辨识不充分,过于笼统。如机械伤害。根据 GB/T 28001—2011 中"3.6 危险源可能导致人身伤害和(或)健康损害(3.8)的根源、状态或行为,或其组合",危险源描述应该为一种能够导致人身伤害和(或)健康损害的根源、状态或行为,或其组合。如:车辆超速、违章驾驶、高空作业不戴安全带等。

(2)危险源分类方法不统一。从组织提交的重大危险源清单来看,危险源的描述有的是设备设施、有的是事故、有的是活动,非常不一致。

目前主要的几种危险源分类包括:《职业健康安全管理体系 实施指南》(GB/T 28002—2011)、《生产过程危险和有害因素分类与代码》(GB/T 13861—2009)、《企业职工伤亡事故分类》(GB 6441—1986)、《职业病目录》国卫疾控发[2013]48 号中有关职业病分类的方法等等,组织宜结合自身的实际情况,挑选比较适合组织自身的分类方法(推荐使用《生产过程危险和有害因素分类与代码》GB/T 13861—2009)开展危险源辨识工作。

(3)未评价出不可承受的风险。按照标准中的要求,组织应该识别出组织活动中存在的危险源;然后在假定计划的或现有的控制措施均已实施的情况下,对与各项危险源有关的风险做出主观评价;再对风险进行分级,确定是否可容许;最后,制定风险控制措施以降低风险级别或控制风险。

很显然,本项目的组织并未评价出不可承受的风险或需要控制的重大风险。

4.2 ×××电力电线厂

【不符合项描述】现场审核发现,电锯刨所使用漏电保护器已失灵,但尚未更换,上述与 GB/T 28001—2011 标准中 4.4.7 条款要求不符。

【点评】GB/T 28001—2011 标准中 4.4.7 条款是关于应急准备和响应的问题,而该项不符合为漏电保护器失灵未更换,是未按照运行规则执行,应判为 4.4.6 条款为宜。

4.3 ×××建筑工程有限公司

对该公司实施的 OHSMS 认证审核材料中显示:组织出具的噪声检测报告中,监测 7 个点有 6 个点超标,而审核组在审核 4.5.2 条款中没有对此不符合进行关注。

【点评】监测结果超标,是一种不符合的现象。按照标准的要求、体系的思路,组织应该针对这一不符合项进行原因分析,采取纠正和纠正措施,因此,这就要求审核组要带着这一不符合项,去查受审核方的 4.5.2(事故、事件、不符合、纠正和预防措施)条款是否有效运行:是否进行了原因分析、原因分析是否到位,是否制订了纠正措施、纠正措施是否合理、纠正措施是否实施、是否有效等。

4.4 ×××公司 OHSMS 的审核

【不符合项描述】在制造部装配二车间发现氧气瓶和乙炔瓶混放且未固定。以上事实不符合 GB/T 28001—2011 标准 4.4.6 条款要求。

【原因分析】办公室相关人员对 ISO 14001:2015 标准 4.3.2 条款及相应的程序文件未充分掌握。

【纠正措施】办公室相关人员进行 ISO 14001:2015 标准 4.3.2 条款及相应程序文件的培训;立即对《废弃危险化学品污染环境防治办法》《中华人民共和国固体废弃物污染环境防治法》等新适用法律法规和其他要求进行识别收集;检查其他法律法规和其他要求有无类似现象,如有问题一并解决。

【纠正措施跟踪情况】纠正措施有效。

【点评】本不符合项是一个运行控制方面的问题。很显然,受审核方的原因分析是错误的,而且将标准写成了 ISO 14001 标准,继而制订的纠正措施也是不到位的,其中列出的两个法律法规更是与此不符合项牛头不对马嘴,而审核组居然对此不符合项验证关闭了。如果不是审核组能力有问题的话,就是太不负责任。

4.5 ×××公司 EMS/OHSMS 一体化审核

【不符合项描述】电钻车间,现场审核时闻到有刺鼻的气味,车间负责人说:氯气浓度比较大。查电钻车间《质量、环境和职业健康管理目标》发现,2016 年环境目标中氯气排放目标达到<65 mg/m³,但至今氯气的浓度没有进行监测,这不符合 ISO 14001:2015 9.1.1 条款的要求。

【原因分析】车间已识别氯气排放为重大环境因素,《环境及职业健康安全绩效监测管理程序》中职责 3.3 "安环科负责委托地方环保局监测站对污染物的排放进行检测和测量"。

【纠正措施】安环科于 2016 年 6 月 24 日对电钻车间氯气尾气排放进行监测,结果为 58.026 mg/m³,见附件。

【点评】这个不符合项发现得很好,但审核组只关注了环境排放的问题,而忽略了职业健康安全的问题,车间闻到刺鼻的气味,首先应该想到作业环境中的氯气浓度有可能超标的问题。而因为不符合项的后半部分描述直接将这一问题引到了氯气排放上,导致受审核方在原因分析(且原因分析也很不到位,并未分析为何至今没有监测的原因)以及纠正措施方面也只考虑了氯气排放的监测,导致最终的纠正措施并不能解决"车间有刺鼻味道"的现象。正确的做法是除了对环境排放进行监测外,还应对作业环境中的氯气浓度进行监测,再根据监测结果采取相应措施,以减少车间内的氯气浓度(刺鼻气味)。

4.6 ×××公司 OHSMS 的审核

【不符合项描述】公司特殊作业程序中对起重机械吊索具未制订相应的管理规定。不符合 GB/T 28001—2011 标准中 4.3.1 条款的要求。

【点评】GB/T 28001—2011 4.4.6 规定:a)适合组织及其活动的运行控制措施;组织应把这些运行控制措施纳入其总体的职业健康安全管理体系之中。

首先,本不符合项在事实描述上不够充分,根据其描述,未制订相应管理规定不一定构成不符合项;其次,如果确实因未制订规定导致了偏离方针或某项法规中要求制订规定,也是受审核方对起重机械吊索具未制订的相应的控制措施,应该是 4.4.6(运行控制)的不符合项。

4.7 OHSMS 审核时应注意的几个问题

1. 是否应有安全评价报告/批复

对于法律法规要求进行安全预评价、安全现状评价、安全验收评价的组织,审核组应按照相关法律法规要求来向组织获取安全评价报告。

(1)《中华人民共和国安全生产法》第二十五条规定矿山建设项目和用于生产、储存危险物品的建设项目,应当分别按照国家有关规定进行安全条件论证和安全评价;

(2)《建设项目(工程)劳动安全卫生监察规定》第八条所规定的建设项目(详见该法规)都

必须进行建设项目劳动安全卫生预评价；

（3）《危险化学品安全管理条例》规定生产、储存、使用剧毒化学品的单位，应该对本单位的生产、储存装置每年进行一次安全评价；生产、储存、使用其他危险化学品的单位，应当对本单位的生产、储存装置每两年进行一次安全评价。

2. 关于 OHSMS 监测报告

（1）监测报告应由具有 CMA 计量认证的相关机构出具；

（2）接触尘、毒、噪的作业环境需提供监测报告；

（3）锅炉、压力容器等特种设备的年检报告可由审核员在现场审核时验证。

对于监督审核的监测报告，有法律法规要求的，按照法律法规要求进行监测，无法律法规要求的，按照主要危害因素每年应监测一次的要求进行，一级风险组织应按年度安排监测。

3. "十次事故，九次违章"

审核员在组织的 OHSMS 审核中，不能忽视对组织的非常规活动、外委人员作业、设备的完好率等方面的审核。如企业的大修活动、设备防腐等外包活动。

现场审核时，应尽量按照重要危险源（不可承受风险）的控制情况来开展，以免遗漏相关重要危险源的运行控制，保证审核的有效性。因多数企业的现场都会有特种设备（如锅炉、起重设备、电梯等）的存在，因此，现场审核时，应关注特种设备的管理情况，如：年检情况、使用情况、日常维护情况等。

附 录

附录一　××建筑公司内部审核控制程序

1. 目的

评价质量、环境和职业健康安全管理体系的符合性和有效性,确保质量环境和职业健康安全管理体系的有效实施和持续改进。

2. 适用范围

适用于本公司质量、环境和职业健康安全管理体系运行活动所涉及的相关部门、各项目经理部的内部审核。

3. 相关文件

《信息交流和协商沟通程序》

《纠正和预防措施控制程序》

4. 职责和权限

4.1　管理者代表为本程序的主管领导,负责组织公司整合型管理体系的内部审核,审批公司年度内部审核计划和审核报告,任命审核组长、聘任内审员,并向最高管理者报告审核结果。

4.2　贯标办为本程序的主控部门

4.2.1　负责本程序的编制、修改及实施过程的控制管理

4.2.2　负责编制公司年度内部审核计划,组织内部审核活动并实施跟踪验证,负责编制审核报告。

4.2.3　负责将审核结果提交管理评审。

4.3　审核组长

4.3.1　负责内部审核的组织工作,编制内部审核实施计划,负责组织实施现场审核工作。

4.3.2　负责对审核组成员审核条款的分工,并组织编写"内部审核检查表",对审核检查表的适用性和充分性负责。

4.3.3　组织对内审工作情况的总结和评价,并对审核结论的客观性和公正性负责。

4.3.4　组织整理现场审核形成的全部记录,并在审核工作结束后及时移交贯标办。

4.4　审核员

4.4.1　按照审核组长的具体分工,编写"内部审核检查表"。

4.4.2　审核中客观、公正地收集现场证据并分析、评价审核结果。

4.4.3　收集并保管好审核过程中形成的记录以及与审核有关的文件、资料,审核结束后及时移交审核组长。

4.4.4 配合和协助审核组长完成其他有关的工作。
4.5 受审核方
4.5.1 将审核的目的和范围通知有关人员,做好接受审核的有关准备工作,积极主动配合审核。
4.5.2 根据审核组出具的不合格项报告,制订并实施纠正或预防措施,并确保措施的可行性、适宜性及措施得到有效实施,予以改进。

5. 活动的描述
5.1 审核要求
5.1.1 贯标办每年年初制订公司年度内审计划,报管理者代表批准后实施。
5.1.2 公司每年至少进行一次覆盖质量、环境、职业健康安全管理体系全过程、公司领导层、相关部门、所有项目经理部的内部审核,发生下列情况应增加内审次数:
(1)组织机构及市场发生重大变化时;
(2)发生重大质量事故、严重环境因素危害、安全事故时;
(3)顾客和相关方有严重报怨、投诉时;
(4)最高管理者认为必要时。
5.1.3 审核应由具备内审员资格的人员担任。
5.2 审核准备
5.2.1 管理者代表聘任审核组长和内审员,审核组长负责内部审核组织工作,根据审核需要组织审核小组分头进行审核。
5.2.2 审核组长编制内部审核实施计划,应确保审核员不审核自己的工作并报经管理者代表审批。
5.2.3 审核组长在内审前5个工作日内将审核计划发送或通知受审核的部门及项目经理部。受审核的部门、项目经理部接到审核计划,做好准备。
5.2.4 审核员根据审核组长分工编制质量、环境和职业健康安全管理体系内审检查表,并报经审核组长审核。
5.3 审核实施
5.3.1 召开首次会议
召集公司领导层、受审核部门和项目经理部领导参加内部审核首次会议。会议由审核组长主持,介绍审核目的、方法、审核计划。到会人员应签到,并做好会议记录。
5.3.2 现场审核
(1)内审员依据检查表按PDCA的过程方法逐项审核,通过交谈、查阅文件和记录、现场查看等手段充分收集体系运行有效的证据,并应逐项做好准确记录。
(2)审核组长召集审核组会议,审议审核绪论、确定不合格项、填写《内部审核不合格项报告》。
(3)对开出的不合格项报告受审核方负责人要签字确认。如遇争议,必要时由管理者代表决定。
5.3.3 召开末次会议
(1)末次会议由审核组长主持召开,审核组全体成员及被审核方负责人和有关人员参加并签到,且要做好记录。
(2)审核组长综述审核情况,宣读不合格项报告提出改进建议。

5.4 不合格项纠正预防措施的制定

受审核方针对不合格项报告制定纠正措施,并按期组织实施。对于严重不合格项制定的纠正措施应报主控部门审核后实施。

5.5 编制审核报告

5.5.1 审核组长在完成审核工作后编制审核综述结论报贯标办,贯标办汇总各组审核结论及情况编制审核报告报经管理者代表批准后,送各受审核部门和项目经理部,审核报告信息输入管理评审。

5.5.2 审核报告内容

(1)审核目的、范围、方法及依据;

(2)审核组成员及受审核部门和项目经理部;

(3)审核情况综述;

(4)不合格项分布情况及趋势分析;

(5)体系运行结果评价与改进建议。

5.6 不合格项纠正措施的跟踪验证

当纠正措施完成后,内审员应在15个工作日内进行验证。验证合格,该不合格项即关闭。若验证不合格则应重新实施纠正措施,实施完成后请再次组织验证。

纠正措施有关信息按《信息交流和协商沟通程序》执行。

6. 实施过程的监视和测量

本程序的适宜性和有效性由贯标办监视和测量,当实施本程序未达到策划的结果时,由贯标办提出纠正和纠正措施。

7. 记录

年度内审计划(见附表1-1)。

内审控制流程图(见附图1-1)。

审核组任命书(见附表1-2)。

内部审核实施计划表(见附表1-3)。

内部审核检查表(见附表1-4)。

内部审核不合格项报告(见附表1-5)。

内部审核不合格项分布表(见附表1-6)。

内部审核报告(见附表1-7)。

附表1-1　××建筑公司＿＿＿＿年度内审计划

编号××××

受审核部门	审核实施时间安排												备注
	1月	2月	3月	4	5月	6月	7月	8月	9月	10月	11月	12月	

批准/日期：　　　　　审核/日期：　　　　　编制/日期：

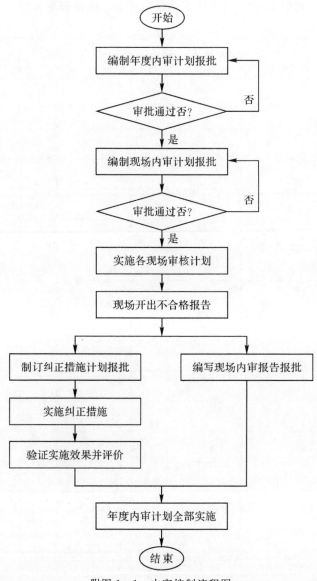

附图 1-1 内审控制流程图

附表1－2　××建筑公司审核组任命书

编号××××

根据＿＿＿＿年年度审核计划的安排,结合公司目前的实际情况,今年第＿＿＿＿次内部管理体系审核工作于＿＿＿＿年＿＿＿＿月＿＿＿＿日开始,至＿＿＿＿年＿＿＿＿月＿＿＿＿日结束,共＿＿＿＿天。现将审核组任命如下：

　　第一内审组　　　　　　　　第二内审组　　　　　　　　第三内审组

组长：

成员：

被审核方：

请审核组长根据被审核方的实际情况,制订出切实可行的内审实施计划。

附表1-3 ××建筑公司内部审核实施计划

编号××××

审核日期	年 月 日至 年 月 日					
审核目的						
审核范围						
审核依据						
审核组织	见《审核组任命书》					
	首次会议			末次会议		
时间		地点		时间		地点
参加人员			参加人员			
组别	第一内审组		第二内审组		第三内审组	
组长						
成员						
被审核单位及时间安排	被审核单位	时间安排	被审核单位	时间安排	被审核单位	时间安排

编制人:　　　　　　　　　(组长)　　　　　　批准:

附表1-4　××建筑公司内部审核检查表

编号××××

被审核方			发生地点	陪同人员	
条款编号	程序编号	审核项目及内容	观察记录		
审核员：　　　　年 月 日　　审核组长：　　　　年 月 日					

附表1-5　××建筑公司内部审核不合格项报告

编号××××

受审核方		审核编号	
发生地点		陪同人员	

不符合事实：

不符合：□标准_____　　　　□条款号_____
　　　　□管理手册条款号_____　□程序文件条款号

严重程度：□严重　　　　□一般　　　　限期_____天完成

　　　　受审核方主管领导_____　审核组长_____　审核员_____

　　　　　　　　　　　　　　　　　　　　　　　　　　　　年　月　日

原因分析

纠正措施

受审方负责人：　　计划完成时间：　　编制人员：　　年　月　日

验证意见：　□转为合格　　□转为一般不合格　　□需要再次采取纠正措施

　　　　　审核员：　　　　　　　　　　　　　　　　　　年　月　日

附表 1-6 ××建筑公司内部审核不合格项分布表

编号××××

标准条款＼部门单位														

说明：每有一项不符合划"×"，以此类推。

附表 1-7　××建筑公司内审报告

编号××××

审核目的：
审核范围：
审核依据：
审核时间：
受审核部门：
审核组长：　　　　　　　　　　　审核员：
审核综述：
不合格项统计与分析（包括：数量、严重程度、分布情况、存在的主要问题等）：
对管理体系的评价及改进要求（包括：完成时间）：
审核报告发放范围：
附件：
审核组长：　　　　　　日期：　　　　　管理者代表：　　　　　　日期：

附录二 核查表示例

附表 2-1 质量管理体系核查表

受审核部门/过程:销售部		日期:××××-×-××	
审核员:×××		陪同人员:×××	
过程/标准条款	检查内容	审核记录	判定
Q4.1 理解组织及其环境	1. 本部门销售过程策划和控制时是否考虑了内外部环境中可以影响到过程控制的事项; 2. 如何应对相应的风险和机遇。		
Q4.2 理解相关方的需求和期望	1. 与销售过程有关的相关方有哪些; 2. 是否用风险和机遇的思考考虑了相关方的需求及期望,落实如何。		
Q:5.3 职责和权限	请销售部负责人介绍本部门的基本情况、工作流程,介绍销售部在质量管理体系中的职责和权限、人员配备和分工、设施设备和技术技能及状况,审核重点:这些职责是否能保证质量管理体系的实施效果。		
Q8.2.1 顾客沟通	1. 请销售部负责人介绍本公司售前、售中及售后与顾客沟通的情况(目的、内容和时机); 2. 若有记录,查阅有关沟通的记录(如电话记录、传真、E-mail、顾客档案、售后服务记录等); 3. 如何处置或控制顾客财产; 4. 关系重大时,如何制定有关的应急措施。		
Q8.2.2 与产品有关要求的确定	1. 询问销售部负责人是否清楚顾客对本公司产品的要求; 2. 请销售部负责人提供公司各类销售合同(含投标项目)的清单,各类合同(投标项目、合同或订单)分别抽 2~3 份,看投标的标书、合同或技术协议中是否写明了顾客的要求; 3. 是否确定了法律法规及标准要求,是否确定了组织自身的要求,组织声称的要求是否确定; 审核重点:组织能否明确(或分清)顾客对本组织提供的产品的有关要求是什么		
Q8.2.3 产品和服务要求的评审	1. 请销售部负责人介绍本公司对标书投标前、合同或订单签订前的评审情况; 2. 请销售部负责人提供公司标书、合同和订单评审的记录,各类评审记录分别抽 2~3 份,看评审的时机、评审的内容、评审的方式是否符合程序文件的规定; 3. 合同签订后如何传递并掌握完成的动态,若合同更改如何与顾客和内部有关人员沟通,查合同变更的情况及变更信息传递的记录。 审核重点:关注评审的时机是否在做出提供产品承诺之前进行(关注标书提交之前的评审记录)。		

续表

过程/标准条款	检查内容	审核记录	判定
Q8.5.1 生产和服务提供的控制 h)	请销售部负责人介绍产品放行交付及售后服务的情况;服务的效果如何。		
Q8.5.3 顾客和外部供方财产	公司有否顾客财产?若有,查阅顾客财产验证,保护和维护的相关信息;查阅向顾客报告的记录;是否有顾客财产,控制方式及结果如何。		
Q8.5.4 产品防护	产品(成品)入库、验收、保管、发放应有相应的管理程序;在库产品做好标识,状态清楚,贮存记录准确完整、及时(账、物、卡相符);对储存的产品进行监控,定期查验并做好记录,根据产品的特点,是否采取先进先出的原则;查传输及运输过程是否受控,查污染预防的措施。		
Q9.1.2 顾客满意	审核组查阅顾客满意信息获取的渠道和收集的有关内容;询问销售部负责人如何获取和利用顾客满意信息。		
Q9.1.1 监视测量分析和评价总则	是否确定监视和测量对象;监视测量分析和评价的方法是否合理;收集哪些信息,收集到的信息如何分析和利用,最后是否提供数据分析和评价的结果;是否保留了适当的文件化信息。		

附表 2-2 环境管理体系核查表

受审核部门/过程:污水处理站		日期:2016-6-25	
审核员:王××		陪同人员:李××	
过程/标准条款	检查内容	审核记录	判定
E4.1 理解组织及其包处的环境	1.本部门污水处理过程策划和控制时是否考虑了内外部环境中可以影响到本过程控制的问题; 2.如何应对相应的风险和机遇。		
E4.2 理解相关方的需求和期望	1.与污水处理过程有关的相关方有哪些; 2.是否用风险和机遇的思考考虑了相关方的需求及期望,落实如何。		
E5.3 组织的岗位、职责和权限	请部门负责人介绍污水处理站的在环境管理体系中的职责和权限、人员配备和分工、设施设备和技术技能及其状况。		
E6.2 环境目标及其实现的策划	1.是否知道组织环境目标; 2.是否制定了本部门环境目标和指标,如有,查阅目标和指标规定得是否合适,目标指标是否可测量; 3.针对目标指标查阅策划如何实现的措施; 4.对目标结果如何评价。		
E6.1.2 环境因素	1.向部门负责人了解本部门的环境因素的识别和评价情况,是否考虑了生命周期的观点;		

续表

E6.1.2 环境因素	2.查阅一般环境因素清单和重要环境因素清单及其评价依据,现场观察以确认一般环境因素和重要环境因素有无遗漏(如生产和生活废水的排放、污泥的处置、化学品的遗漏、化学品包装物的处置、有害气体的排放等等); 3.重要环境因素评价是否合理; 4.落实的相关控制措施是否匹配。		
E6.1.3 合规义务	1.询问部门负责人获取法律法规和其他要求的渠道; 2.查阅法律法规和其他要求清单,看是否将用于污水处理站的有关法律法规和其他要求列入其中(如污水综合排放标准、国家危险废物名录等); 3.请负责人介绍哪些污水处理站的重要环境因素适用于哪些法律法规和其他要求,并请其提供这些法律法规和其他要求,说明适用的具体条款及其与环境因素控制的作用关系。		
E7.4 信息交流	1.向部门负责人了解哪些信息需要和哪些部门和人员交流,并查阅相关证据; 2.相关的内部和外部信息交流有哪些; 3.向部门负责人了解污水处理站与外界相关方进行信息交流的程序,了解污水处理站接收到哪些外部相关方信息(如附近居民的投诉或地方环保部门的信息等),如有,对照相关程序的规定抽查对这些信息的记录及其处理/回应的证据,核查是否符合程序的规定; 4.向部门负责人了解哪些重要环境因素与外界进行了何种形式的沟通交流,并查阅文件的规定抽查与外界交流重要环境因素有关信息的证据,核查是否符合文件的规定; 5.内外部信息交流的信息与体系形成的信息是否一致; 6.是否保留了相关的信息交流的文件化信息。		
E8.1 运行控制	1.请负责人介绍在污水处理站需要控制哪些与重要环境因素相关的活动; 2.建立了哪些污水处理过程运行准则,是否实施了相应的运行准则; 3.询问负责人在污水处理运行的活动中是否有需要由供方或合同方实施的活动(如污泥处理等)? 如有,请介绍这些活动中的重要环境因素及相应的控制方法,抽查3～5份以确认通报有关要求的有效性;现场观察供方工作现场环境因素控制情况; 4.依据污水处理站的重要环境因素和运行准则,现场观察运行活动的现场操作/控制的状况,根据各项操作/控制活动分别抽查3～5份运行活动相关的控制记录,以确认是否按规定的要求实施相应的活动; 5.从生命周期观点出发,是否规定了运行及处置的可行办法;与外部供方是否沟通了相关环境要求;是否向相关方提供了必要的处置相关的潜在重大环境影响的信息。		

续表

E8.2 应急准备和响应	1. 向负责人了解污水处理站可能会出现哪些紧急情况和事故；是否有针对性地制定相应的应急准备和响应的程序（如应急预案）； 2. 查阅应急准备和响应程序文件（如应急预案），看是否充分适宜，是否为经批准的有效文件； 3. 向负责人了解定期评审应急准备和响应程序的情况，查阅相应的评审证据，向负责人了解可行时试验应急准备和响应程序的情况，查验相应的证据，向负责人了解是否依据评审和试验的情况，对应急准备和响应程序进行修订，如修订过，查阅相应的修订证据； 4. 向负责人了解是否发生过紧急情况或事故，如发生过，查阅其处理的证据，看是否按规定的程序进行了响应，查阅紧急情况或事故发生后对程序进行评审（或修订）的证据； 5. 现场查看应急设施设备的配备情况及设备的状况，确认应急设施设备的充分性、适用性和有效性； 6. 适用时，是否向本部门员工及有关的相关方（如污泥处置方）培训了应急处置方案或提供相关的信息。		
E9.1.1 监测、测量、分析和评价 总则	1. 询问负责人对重要环境因素运行有关的哪些特性进行监测和测量；应对哪些法律法规和其他要求的遵守情况进行评价，多长时间进行一次评价，需要使用哪些监测设备； 2. 查阅测量、监测和合规性评价有关的程序，看是否明确规定测量、监测和评价的要求、内容和方法； 3. 请负责人提供自体系运行以来实施监测和测量及合规性评价的证据（如污水、噪声、废气等方面的监测报告、水质分析、污泥沉淀物分析等），根据不同的监测和合规性评价活动，从这些证据中分别抽查2~3份，依据相关程序/目标/指标/标准等，看是否按规定的要求、内容和方法实施了监测和合规性评价活动。从监测和合规性评价的结果中了解是否有超标排放或违反法律法规和其他要求的情况，了解目标指标的实现情况； 4. 若有监测设备仪器/仪表，则查其校准或验证及其维护记录，现场查证监测设备是否能够正常工作。		
E10.2 不符合和纠正措施	1. 询问负责人如何识别和处理不符合，如何针对不符合采取纠正措施； 2. 根据对运行的控制、监测和合规性评价等活动审核的有关证据，了解自体系运行以来出现的不符合情况； 3. 如出现不符合，查看对不符合进行处理的证据，看其是否符合规定的要求，是否能减少所造成的环境影响；查对不符合进行调查而确定的原因，看原因是否分析得正确。		

续表

E10.2 不符合和纠正措施	查对抽到的不符合项采取纠正措施的实施证据,看采取的纠正措施是否与不符合的影响相适应; 4.现场检查与所采取的纠正措施有关活动的实际情况,以确认这些措施的有效性; 5.如因纠正措施引起了有关环境管理体系的变更,查变更的有效性; 6.保留的不符合及所采取措施及结果的文件化信息是否完整。		

附表2-3 职业健康安全管理体系核查表

受审核部门/过程:锅炉房		日期:2015-5-25	
审核员:肖××		陪同人员:李××	
过程/标准条款	检查内容	审核记录	判定
S4.4.1 结构和职责	请锅炉房负责人介绍本部门的基本情况、工作流程,介绍锅炉房在职业健康安全体系中的职责和权限、人员配备和分工、设施设备和技术技能及状况。 提问:值班人员是否了解本岗位的职责?		
S4.3.1 对危险源辨识、风险评价和风险控制的策划	查阅锅炉房危险源辨识、风险评价和风险控制的策划表,确认现场危险源有否遗漏,风险评价是否合理、风险控制是否有效。		
S4.4.2 培训、意识和能力	1.查锅炉房有关人员职业健康安全培训情况; 2.请司炉工出示有关特种设备作业人员上岗证。		
S4.4.6 运行控制	1.查锅炉房运行操作规程,确认有关锅炉温度、压力、水位等运行如何规定; 2.若有记录,查阅有关的记录,确认锅炉运行是否符合运行规定的要求。		
S4.4.7 应急准备和响应	查锅炉房对火灾爆炸等潜在的紧急情况是否得到识别,是否制定了应急预案,应急预案是否制定准确、合理,是否对应急预案进行过演练,查演练记录,是否对应急预案进行过评审,查评审记录。		
S4.5.1 绩效测量和监视	查锅炉房运行记录,确定运行准则是否被执行。查锅炉房的安全检查记录,是否按规定进行了日常安全检查。查压力表等监测设备的检定校准和维护情况。查锅炉房废水废气排放。		
S4.5.2 事故、事件、不符合、纠正和预防措施	是否达标确定锅炉房出现的事故、事件、不符合的纠正和预防措施的落实情况。		

附录三　GB/T 19001—2016 质量管理体系课堂练习和案例分析

进行这些习题训练可以帮助学员提高专业审核的能力，同时加深学员对质量管理体系标准的理解和掌握。

所提供的习题和案例，应安排在课程学习中穿插进行。教师在学员独立分析、小组讨论的基础上，应给予必要的辅导和反馈。这样一方面可以模拟审核时的实际情景，另一方面可以通过具体案例分析讨论，强化教学效果。

练习1　标准条款对照练习

本练习的目的是训练学员对各种情况与标准条款对应的把握能力。

针对下列情景，分别说明它们所对应的是 ISO 9001 标准中哪个具体条款。

(1) 公司正在组织相关人员对影响公司战略方向的内外部环境进行分析。

(2) 公司在建立质量管理体系时将影响公司质量管理体系的相关方的要求列出，将之融入公司的体系文件中去，尽量保证各相关方的满意度。

(3) 公司在确定质量管理体系范围时，讨论删减设计开发，尽管公司平时也进行着设计开发，但考虑到要换版通过审核，决定将其删除。

(4) 公司办公室正在对新进公司的一线员工进行岗前的培训。

(5) 审核员在宾馆前台，发现了正在现场使用的有第一版和第二版两种不同版本的《前台服务规范》文件。

(6) 煤矿自控系统总装调试后需进行老化试验，装配车间到老化试验室之间 500m 的过道，地面坑洼不平。

(7) 某类食品的保温灭菌工艺规定是 140℃、持续1小时，审核员看到现场的自动温度仪显示为 120℃。操作工人解释说，140℃ 高温耗电量太大，120℃ 高温足以杀菌了。

(8) 春江锅炉厂在客户上门提货时，在未接到锅炉完整检测报告的情况下，仅凭质检科的电话合格通知，就将一批3台0.5t叉车交付给了用户。

(9) 某钢管厂生产的钢管是按批编号，用流程卡标明并随产品流转的，但在车间加工过程中，钢管和流程卡常常被分离放置。

(10) 省建六公司 099 项目工地上的磅秤已经不太灵敏了，工地施工员说，这台磅秤是在混凝土各种原料称重时用的，只需要大致准确就可以了。

(11) 某造纸厂采购部编制的合格外部供方清单中没有将纸棍的外协加工方纳入。采购部长介绍说，这些纸棍是他们按照我公司提出的要求生产的，所以不必将他们纳入再评价了。

(12) 海鸿儿童照相馆窗明几净，玻璃大门如同透明。一个前来照相的孩子撞得头破血流，服务员手忙脚乱地把他送去医务室包扎；大堂经理叫来服务员在玻璃大门上贴上装饰画(10.2.1 c)，又在大门处设立了专门的门童。

(13) 在酒厂灌装车间门口，审核员看见地上放着一堆堆洗好的酒瓶子，瓶子口朝下码放在塑料格子里，但车间的门口是厂内马路，几辆提货的卡车从车间门口开过，车间门是敞开的，车间的工人进进出出，也从不换鞋。

(14) 审核员到某建筑工地审核时,问施工单位的项目负责人是如何对钢筋、水泥进行检验的。项目负责人说:本工程所用的钢筋、水泥全是甲方指定我们到 A 公司购买的,A 公司生产的钢筋、水泥各种型号都通过了产品认证,公司也于 2009 年就通过了 QMS 认证,因此他们的质量是有保证的,我们只是点点数量,直接拿来用就可以了,出了问题甲方会负责的。

(15) 在市场开发部,审核员问部长如何评价顾客满意度,部长说:我们公司生产的产品质量很好,被国家主管部门评为免检产品,再加上我们售后服务非常出色,所以去年仅有二位顾客对我们产品有抱怨,但谈不上投诉,为此我们目前没有必要再规定评价顾客满意度的方法。

练习 2　课堂分组讨论案例

活动:
1. 体会案例中的描述与 GB/T 19001—2016 标准之间的关系。
2. 对照 GB/T 19001—2016 标准,找出符合的条款号。
时间:40 分钟

UPS 管理揭秘
访 UPS 中国公司总经理黎松江先生　黄俊毅

1907 年 8 月 28 日,UPS(United Parcel Service)公司在美国西雅图开业。今天,它已是世界上最大的承运商和包裹投递商。1999 年,每天有 34.4 万名雇员、15 万辆机动车、上百架次飞机在世界各地为 UPS 忙碌,有 1 510 万份包裹、文件送到客户的手中。全年投递函包 32.8 亿件,营业额高达 271 亿美元。1998—1999 年度 UPS 被《财富》杂志评为"全球最佳邮件、包裹、货运公司"。据悉,目前其在全球的固定用户多达 170 万,每年有 2100 万人次访问 UPS 网站。究竟是什么使 UPS 具有如此强大的生机呢?

UPS 对我们而言真是太神秘了。为探寻谜底,记者专程走访了 UPS 中国公司董事、总经理黎松江先生。

送货司机　升任总裁

记者(下简称"记"):听说 UPS 的现任董事长兼首席行政总裁 James P. Kelly 是从送货司机的职位上逐步提拔上来的?

黎松江(下简称"黎"):是这样。不单是现任董事长,UPS 的大部分高级管理人员,包括国际业务部总裁 Ron Wallace 先生都是从 UPS 货运司机的职位上提拔上来的。前任董事长兼首席行政总裁原为客户服务部电话接线生。据了解,公司管理层能够确保制定质量方针和目标,并明确各级职责和权限,成为员工的楷模。

记:这怎么解释?

黎:UPS 认为,作为管理者,他应当比普通员工更了解公司的各方面业务,因此 UPS 注重从内部提拔管理人员。每一名新录用的职工,即使他是哈佛大学的高才生,也得先从基层干起,这样才能熟悉服务规范、学会同顾客沟通,看出财务单据的差错。公司尽可能为员工提供多样的工作经历,以增长其在各种部门的工作经验并经常就此进行彼此间的分享。为培训员工公司每年要投入 3.5 亿美元。培训内容包括运货司机的安全驾驶、信息技术人员的知识更新、美国高校的管理课程等等。为迎接电子商务时代的到来,UPS 近十年来已先后投入 110 亿美元搞基础技术建设。现在,每一位运货司机都配备了笔记本电脑。不断的"充电",保证了员工对工作的认可度、新鲜感和责任感。经常组织员工就工作质量状态及结果进行相互告知,并商议更好的工作方式,尽可能与顾客交流相关信息。

总裁在做出重大决策前,先会将各部门的领导召集起来,共同探讨、民主决策和分析环境,并进行相关方调查,得出外界对决策影响的利弊,并利用一切可利用的外部信息。决策后会制定出方案,方案中考虑到了必要的应急措施。

公司制定了确保物流服务规范和有效的准则,这些文件均能够通过网络按照一定的权限获取;公司建立了外来文件库,便于可以依据编号进行索取。在决定录用时就会问清楚其喜欢干什么、不喜欢干什么,并尽量给予满足。此外,每年还进行"民意测验",以了解每位员工的愿望、对公司的建议以及他们上下级间的关系是否融洽。与下级的关系良好与否是 UPS 评判管理者是否称职的依据之一。每位员工都有一份档案,其出勤、业绩、差错、奖罚均有详细记录。人事部门定期与员工本人、部门主管面谈,达成一致,三方签字,作为日后晋级、晋升的依据。透明度极高,员工心服口服。

鼓励员工参股。UPS 认为,公司属于每一位雇员。每年我们都要依据上年的利润分给员工股份。目前,员工已持有公司 2/3 的股份。公司也对每名员工能力进行定期的考核,合格才能继续在岗位上留用。

司机有 340 个标准动作

记:90%的保留率,说明 UPS 已为员工所接受。贵公司是如何让世界各地的客户接受自己的呢?

黎:UPS 以优质、高效的服务赢得了客户,这得益于公司内部严格规范的管理。UPS 承诺,只要用户能说清位置,即使没有门牌号,也可以配送。每件货物进行编号,保证唯一性;对物品的保护措施齐全,不同的货物不同的保护方式。如有货损,公司第一时间会告知顾客,为确保服务质量,公司制订了严格详尽的工作规范,并通过严格的培训,让员工熟练掌握。公司所有部门的工作情况,都被适时输入电脑,通过卫星实现全球联网,总部随时都可监控任一环节。每项业务的情况,都显示在同一系统中,工作人员的业绩和差错率可以精确到每一天、每一笔。部门经理据此分析下属在工作方面存在的问题及时指正。如有必要,他将陪同该下属工作一段时间,找出根源,帮其修正,以避免重犯,提高效率。UPS 称之为"陪同培训"。

公司也适时对物流规范进行修订,修订前期会适时邀请顾客参与充分了解顾客的期望。

记:请您谈具体点。

黎:以货运司机为例,为确保投送的准确、及时、安全和良好的公众形象,UPS 规定了 340 个标准技术动作。例如,车钥匙不能装进衣兜里,必须用右手小指勾着,以节省开车门的时间。

强调控制成本

记:UPS 作为世界著名公司,在降低经营成本方面,有哪些独到之处?

黎:对 UPS 而言,永远是服务第一、成本第二。该投入的 UPS 不会吝惜,但我们强调控制成本。

记:贵公司如何控制成本?

黎:提高工作效率、减少人员和差错,就控制了成本。

首先,对物流包装材料的选用精细化,对外部供方进行选择评价,择优选用。与外部供方签订协议,明确要求,保证外部供方提供的材料或分包的包装用品整体管理在,公司的掌控之中。公司也经常与供方进行座谈,对其管理模式及人员提出相关的更高的要求,并每年对外部供方绩效进行评价。

其次,采用先进的技术。近十年来,UPS 每年都要投入 10 亿美元建设信息技术系统。目前我们已实现与 99%的美国公司、96%的美国居民之间的网上联系,可向全球顾客和供应商提供瞬间电子接入、查询服务。1998 年圣诞节期间网上购物总量的 55%是由 UPS 送达的。

如顾客要求发生变化,公司能够及时调整服务模式,满足顾客要求。

为达到更为快捷的投递服务,公司实现全球卫星联网,将软件交给固定用户,由用户自己存入每天要发送的包件信息。送货司机在与客户交接时,可直接将包件信息、用户建议存入笔记本电脑。这就节省了大量的时间和抄写、登记人力。

再次,雇员精干、一专多能。UPS没有专职司,司机兼营销和投递。一人负责一个区域,从收、送,至交到客户的手中,单兵作战。除非业务增长,一人承担不了,公司才会考虑增派司机或"步兵"。

最后,培训员工,规范操作。培训可提高员工的业务技能,改善其工作效率、服务质量。规范操作可删减无效的动作,节省时间、减少差错、索赔和投递交通事故,从而达到控制成本的目的。UPS不希望员工加班,因为这意味着加班费和投递迟延。假如某司机因操作不规范,经常不能按规定的时间完成投送任务,部门经理将陪他工作3~5天,一对一地操作演示,直到他熟练掌握操作规范为止。

记:假如经反复培训,某雇员仍不能胜任工作,是否解雇?

黎:我们会将他调整到合适的岗位上。UPS不轻易解雇员工。因为培训一个人投入非常大,除非他有偷、抢、骗等违法犯罪行为。

公司为保证整体管理不断优化,进行了内审和管理评审,保证及时发现问题,实施改进。

练习3 判断与标准的不符合性、不符合项报告的编写

要求:每个小组至少开出2个不符合项报告

审核北方电子产品有限公司

审核情景:

对市场开发部的审核

(1)审核组长和另一名外审员根据计划安排到市场开发部审核与产品和服务要求有关的过程。审核组长首先请市场开发部经理介绍他们承担的主要任务,部门经理说公司已明确制定了《各级各类岗位人员职责》,审核组长要求提供看看,部门经理说公司已实行了无纸化办公,审核组长说打开电脑看看也行,部门经理不好意思地说,我不太清楚怎么从网上获取。审核组长说算了不要了,你就说说你主要的职责有哪些,部门经理很快说出了好多项职责,审核组长问公司规定的产品与服务要求这个过程要达到的控制效果是什么,部门经理不好意思地说,公司也没刻意要求。

(2)接着审核组长开始查一年来部门与客户的相关资料,根据市场开发部介绍,审核组长得知不管是书面的还是口头的销售合同均会进行登记。审核组长问:对口头合同登记前让用户确认吗,主管合同管理的人员赶快回答说:口头合同一般是接电话告知的,我们登记后不用再确认了。审核组长在合同登记表中发现MOS合同的交付期比预定日期迟了半个月。生产部有一份材料说明了合同延期的原因:外协件质量问题。审核组长希望市场开发部经理提供客户对公司要求延期交货的答复,经理说:这家公司是我们的老客户了,不会有什么问题。

(3)审核组长问:公司的质量目标中有期交付率按的要求,今年要求达到96%,而且要求每季度统计一次,不知最近半年完成的情况怎么样?经理说,这方面的统计是内勤小王做的,最近忙点,小王还没来得及统计,审核组长说:那目标的评价结果也就没出来吧,经理回答:是的。

(4)审核组长在台账中选择了5份合同,让小王去取。趁着取合同的时间,审核组长要看一看顾客投诉的记录。经理自豪地说:我们的产品质量很好,今年已销了上百万台,只收到二

十几封反映问题的来信来电。

（5）审核组长仔细看了一下，有两封是关于电子产品电源不供电和根本不能用的，还有不少是反映产品的固定架不稳。经理解释说：这款产品电源是新型号，可靠性不如以前的，是技术中心的事，跟我们无关；至于固定架不稳，是顾客不会使用所致，与我们无关。

（6）审核组长问：上面用户不满意的信息是否作为顾客满意调查分析的输入源，经理回答：这些问题不严重，严重问题才会重点去分析和评审。

（7）小王把合同及评审单拿来了，审核组长翻看了一下，其中一份合同评审表中关于"技术能力具备与否"上未签名，经理说：当时技术中心经理出差，我们认为这种产品公司技术上肯定过关。审核组长看到该合同已签订完成。

（8）审核组长又看到一份合同上明确了产品颜色红，经理解释说：这个客户原来要得货一直是黑颜色。审核组长问评审表上对颜色为何未评审，经理说可能是漏了吧，审核组长说对颜色的变化在哪有记录，经理说，不用记，我们心里知道，不会出错的。

（9）最后审核组长问：对可能的延迟交付的内外部因素的影响及相关方的影响有哪些，经理回答：接到合同后，我们只管部门内部的事，这种分析与我部门无关。经理接着说：即使晚交付了，我们只能无可奈何，没有其他好办法。

对采购部的审核

（10）在采购部经理大致介绍了部门工作概况后，审核组长希望能提供一些近期采购计划以及依据材料，采购部经理很快叫人取来了近三个月的采购计划、生产计划以及库存报表等相关材料。审核组长问这些计划应发到哪些部门，是否有相关的文件规定，经理说：这些都是我们常规的工作，计划员和我都知道该怎么做，因此没有必要再去编写文件。

（11）审核组长问：对外部供方控制时是否有不同的控制方式，经理回答，都是外部

（12）提供的材料，控制方式都一样，也应该都一样。

（13）另一审核员已审完了采购计划等相关材料，所制订的采购计划与依据的材料

（14）是一致的。该审核员又根据审核组长的安排查阅最近几个月的采购订单，发现编号为009871订单所订的电容器是由西安市大亚电子公司提供的，但公司出具的合格外供方名单中没有这家公司的名字，审核员要这家公司的评价结果资料，也未提供。审核员问：如何对外部供方进行评价，有规定吗？经理回答：评价的方式我们都清楚，这家我们确实是评价过的，况且我公司质量部门严格检验，每次器件到公司后均实施检验。

（15）审核组长要求提供对西安市大亚电子公司绩效评价的证据，经理说我们同这家外供方合作已多年了，他们的产品质量我们心里都清楚，有问题我们会去找他们解决的，至于他们的绩效如何监控，我们真不清楚，也没必要清楚。

（16）审核组长问，对外部供方你们主动提供过什么信息？经理回答：签订合同时我们已明确了所有要求，以后只要没有产品质量问题我们一般不互动。

对质量部的审核

（17）审核组按计划来到了质量部，质量部副经理介绍说，他的主要工作是管好下属，以及公司的质量奖励组织工作。

（18）审核组长对材料检验较感兴趣，副经理很快从电脑中调出了审核组长所要的几份验收标准，并介绍说他们部门电脑普及率较高，设计人员编写好技术检验标准后直接拷贝过来供检验人员使用，审核组长查看电脑上的《材料检验规范》，没有经评审或批准的痕迹，副经理说

技术人员编写的文件一般不会出问题的。

(19) QB/DY009《变频器进货检验标准》中规定：对变频器只进行规格、数量和标识的验收。副经理说：公司没有性能检验手段，只有靠装在电机上后与电机一起进行工序检验来验收其质量。审核组长要求出具第一次试用该型号变频器的产品检验报告，发现这份报告是按标准的常规检验项目填写的，结果都符合标准要求。但没有检验员的签名。

(20) 审核组长注意到，标准规定，对试用订货的产品还要进行例行项目检测，便要求副经理提供这方面的检验报告。

(21) 副经理翻了一下采购部发来的"送检通知单"说："这批材料不需要做测试。"因为采购部送来的单子上未注明"试用"，我们就按照常规性要求处理了。

对技术中心的审核

(22) 审核组长来到技术中心进行审核。

(23) 审核组长请技术中心经理提供一份新品研发的档案。档案装订的非常整齐，方案及图纸上均盖有"有效"印章。

(24) 审核组长看了这份档案的设计策划书、设计输入、评审等报告。设计策划书里反映的样品可靠性试验没有在所提供的试验报告中找到，便请提供这方面的资料。

(25) 经理找了一会，突然想起什么，便说：当时样品做出来时已接近销售旺季，而到研究院做可靠性试验需要数月的时间，所以公司老总把大家叫到一起进行了论证，最后老总拍板：先生产吧，少量提供给用户，如果有问题马上停止生产。

(26) 审核组长问这款新品在设计之初，你们征求过用户的意见吗？经理回答：说实话，用户对要用的产品的性能不清楚，一切由我们说了算，让他们提也提不出有价值的问题。审核组长拿出刚看过的设计开发策划书，说：这份计划里面没有提出要求顾客参与设计的需求，审核组长又问：那你们是否清楚客户想让你们达到的设计水平或能力，经理回答：不清楚，也没必要清楚呀。

(27) 审核组长看了看该产品的《用户使用说明书》，没有发现对正确或安全使用产品的提示。

(28) 审核组长请技术中心经理介绍定子浸漆工艺鉴定的情况。包括漆的黏度、烘干温度等指标的合理性。经理说：定子浸漆是我公司的传统工艺，一直很稳定，公司对耐压和绝缘的检测结果就是最好的鉴定。审核组长说这道工序是公司需要确认的工序呀。

(29) 审核组长翻出了审核记录中浸漆车间检验合格率的数据，指出：这些数据反映出浸漆工艺很不稳定，技术中心有没有考虑过对这些数据进行分析并对工艺进一步改进。经理说：我们也分析过这些数据，但据我所知，我公司的浸漆质量是最好的，再说技术中心目前的主要精力是开发新品，还没有精力来做这些事。

对生产部的审核

(30) 审核组长来到电机车间的浸漆车间审核。在定子预烘的烘箱旁，几个工人正将定子从烘箱中往外搬，审核组长注意到这台烘箱温度指示在120℃左右，便看了一下预烘工序的工艺卡，工艺卡规定：将定子放入烘箱，使温度慢慢升到120℃（升温速度不大于30℃/h），在120±5℃时保温1.5～2h。然后让定子在烘箱中自然冷却至50～60℃，然后放入浸漆池中。审核组长问车间主任："这些定子不需要在烘箱中自然冷却吗？"车间主任说："最近公司接到的订单很多，在烘箱中冷却会影响车间生产任务的完成。放到空气中冷却，效果是一样的，我们在定子间放上一支温度计，等到它们的温度降到50多度时就放入浸漆池中，这是完全符合工艺要求的，也提高了生产效率。"

(31)审核组长请车间主任带他到用于第一次浸漆的一次烘干的烘箱旁,烘箱上贴有合格标签的指针式温度计指在79℃与80℃之间。

(32)审核组长请技术员拿一支贴有合格标记的棒状温度计测了一下箱内温度,测试的结果是78.2℃。技术员说:"你看,这个指针式温度计的指示盘上就写着允许有±2℃的误差,这说明这只温度计是很准的。"审核组长指了指工艺文件上的烘干温度要求,那上面写着:浸渍漆所用溶剂的挥发点为78.5℃。一次烘干时要将定子放入烘箱并打开通风开关,在烘箱温度79~80℃的条件下保温1.5~2h。

(33)车间主任说:"温度差一点没什么关系,对这台烘箱我们关键是要控制它温度不能超过80℃,否则会引起浸渍漆表面快干而形成结膜,使溶剂不能挥发出去,结果形成气泡。"

(34)审核组长注意到烘箱上并没有定时装置,便向当班工人了解如何控制保温时间,工人说:"工艺规定的范围是很宽的,可以保温一个半小时,也可以两个小时,我们估算一下就可以了"。

(35)在车间检验站,一名内检组的检验员正在做耐压试验和绝缘电阻检测,只见他从检验台左边的周转箱中取出二次浸漆后的带绕组定子,检测后有的放入右边前面的一个周转箱内,有的放入右边后面的一个周转箱内。

(36)这名检验员告诉审核组长,右前面的箱子是放合格品的,右后面的箱子是放不合格品的,而且他们都有检验记录。审核组长对最近两个月检验合格率的情况做了一下计算。

(37)审核组长拿起几个不合格品看了看,上面并没有印章。此外,合格品及周转箱也没有其他不同的标记,便对检验员说:按照公司程序规定,不合格品不是都要做标记吗?检验员说:他是非常清楚哪些箱子里的是合格的,哪些是不合格的,在下班时他会统一盖上印章的。

(38)最后,审核组长请车间主任提供车间质量目标的制订和落实情况。车间的质量目标共有6项,审核组长指出这些目标中没有涉及关于产品合格方面的内容。车间主任说:"我们车间主要为其他车间配套服务,分厂对我们的要求是保证生产计划的完成和降低成本,因此我们是完全按照分厂的要求制订目标的。像公司质量目标中整机质量审核合格率和合格指数这些目标跟我们车间关系不大。

(39)审核组长又来到组装车间流水线进行审核。

(40)审核组审核到了电扇生产车间的检测流水线。工人们正在忙碌得进行着工作。审核组长首先查阅了一下《产品装配规程》,这份规程规定了产品一次装配共8个规定步骤要求,并现场观察到正在进行一次装配的工人有一个步骤始终未进行,审核组长请其先停下手头的工作,问其是否学习过《产品装配规程》,回答说接受过培训,还参加了考试,审核组长让其重述下一规范对一次装配的要求,回答也正确,问他为何放弃了一个步骤,回答说:做这个动作左手的食指要用力,我食指原来骨折过,用不上力,所以就漏了这个步骤。

(41)审核组长沿着装配线下行,发现物品摆放整齐,地面上划分人流和物流通道,整个车间内井然有序。

(42)审核组长在第二装配线旁看到堆放了两堆缆线,一堆是产品总装用的电缆线,一堆是组装用的缆线,外观上看区别不大,审核组长问现场作业人员这两堆缆线的型号规格,回答说,不是很清楚,用时再区分。

(43)审核组长仔细看,第二堆缆线下方已被组装线上漏下的润滑油所污染。

(44)车间主任说:我们还有很多方面的工作不太正规,我们马上就整改。

附录四　GB/T 19001－2016 测试试题（120分）

姓名：_____　　单位_____　　日期：____年____月____日

题型	单项选择题	多项选择题	简述题	案例题	总得分
得分					

一、单项选择题（从下面各题选项中选出一个最恰当的答案，并将相应字母填在下面表格中。每题1分，共40分）

题号	1	2	3	4	5	6	7	8	9	10	11	12	13	14	15	16	17	18	19	20
答案																				
题号	21	22	23	24	25	26	27	28	29	30	31	32	33	34	35	36	37	38	39	40
答案																				

1. 2016版新标准采用过程方法，该方法结合了（　　）。
   A. PDCA 循环的思路　　　　　　　　B. 持续改进的思路
   C. PDCA 循环与基于风险的思维　　　D. 管理的系统方法

2. 机遇的出现可能意味着某种有利于实现预期结果的局面，例如（　　）。
   A. 进一步扩大市场份额
   B. 扩大与竞争对手的差距
   C. 增加组织的经济效益和社会效益
   D. 有利于组织吸引顾客、开发新产品和服务、减少浪费或提高生产率

3. 每个过程均有特定的监视和测量检查点，以用于控制，这些检查点根据不同的（　　）有所不同。
   A. 考核要求　　　　　　　　　　　　B. 绩效指标
   C. 组织的特性　　　　　　　　　　　D. 风险。

4. 在实现其预期结果的过程中，系统地理解和管理相互关联的过程有助于（　　）。
   A. 增进顾客满意
   B. 提高过程实现的能力
   C. 提高组织的有效性和效率
   D. 提高过程之间相互协调和相互作用的能力

5. 组织所确定的策划和运行质量管理体系所需的外来文件应确保得到：（　　）。
   A. 识别　　　　　　　　　　　　　　B. 控制
   C. 访问　　　　　　　　　　　　　　D. A＋B

6. 对沟通的策划可包括（　　）。
   A. 沟通的方式　　　　　　　　　　　　B. 沟通的对象
   C. 由谁负责沟通　　　　　　　　　　　D. 以上都是

7. 最高管理者一定要分派职责和权限为（　　）。
   A. 确保所有过程得到输出　　　　　　　B. 确保预期输出能够符合各过程的要求
   C. 保证输出满足输入的要求　　　　　　D. 确保各过程获得其预期输出

8. 组织应控制策划的更改,评审非预期变更的后果,必要时,采取（　　）消除不利影响。
   A. 纠正　　　　　　　　　　　　　　　B. 措施
   C. 纠正措施　　　　　　　　　　　　　D. 预防措施

9. 以下不属于对不合格做出应对的是（　　）。
   A. 采取措施予以控制　　　　　　　　　B. 风险和机遇的处置
   C. 纠正　　　　　　　　　　　　　　　D. 处置产生的后果

10. 组织应保留关于不合格的形成文件的信息包括（　　）。
    A. 不合格的性质　　　　　　　　　　　B. 所采取措施
    C. 纠正措施的结果　　　　　　　　　　D. 以上都是

11. 下列哪项是关于产品的定义（　　）。
    A. 在组织和顾客之间未发生任何交易的情况下,组织生产的输出
    B. 至少有一项活动必须在组织和顾客之间进行的输出。
    C. 计算机程序、移动电话应用程序、操作手册等属于产品的范畴
    D. 与顾客在接触面的活动

12. 性能可涉及（　　）。
    A. 活动　　　　　　　　　　　　　　　B. 过程
    C. 产品　　　　　　　　　　　　　　　D. 以上全部

13. 下列关于风险的表述不正确的是（　　）。
    A. 影响是指偏离预期,可以是正面的或负面的。
    B. 不确定性是一种对某个事件,甚至是局部的结果或可能性缺乏理解或知识的信息的状态。
    C. 通常,风险以某个事件的后果组合（包括情况的变化）及其发生的有关可能性。
    D. 一定在有负面结果的可能性时使用

14. 在没有完成策划的安排向顾客交付产品时,以下说法需要得到顾客的批准的是（　　）。
    A. 采购的压缩机来不及检验,送去装配
    B. 阀门的水压试验没有完成
    C. 粗车完成后来不及检验,转到下道工序加工
    D. 以上都不是

15. 形成文件的信息是2016版标准的一个重要变化,下列表述不正确的是（　　）。
    A. 质量手册、质量计划、程序等文件在审核时就不能要求了
    B. 记录仍属于文件的范畴
    C. 质量计划是何时,并由谁对特定的实体应用程序和相关资源的规范
    D. 质量手册是组织的质量管理体系的规范

16. 下列关于验证的定义是(　　)。
    A. 通过提供客观证据对规定要求已得到满足的认定
    B. 通过提供客观证据对特定的预期用途或应用要求已得到满足的认定
    C. 对产品技术状态信息、建议的更改状况和已批准更改的实施状况所做的正式记录和报告
    D. 通过观察和判断,适当时结合测量、试验所进行的符合性评价

17. 审核范围是审核的内容和界限,包括(　　)。
    A. 实际位置、组织单元　　　　　　B. 审核所覆盖的时期
    C. 活动和过程　　　　　　　　　　D. 以上全部

18. 组织应建立、实施和保持设计和开发(　　),以便确保后续的产品和服务的提供。
    A. 程序　　　　　　　　　　　　　B. 形成文件的程序
    C. 过程　　　　　　　　　　　　　D. 活动

19. 当组织确定需要对质量管理体系进行变更时,以下说法不正确的是(　　)。
    A. 此种变更应经策划并系统地实施
    B. 应考虑到质量管理体系的完整性
    C. 应考虑到组织机构设置的合理性
    D. 应考虑到变更目的及其潜在后果

20. 评审的定义是(　　)。
    A. 测定体系、过程、产品、服务或活动的状态
    B. 为了实现所规定的目标,实体的适宜性、充分性或有效性的测定
    C. 确定数值的过程
    D. 查明一个或多个特性及特性值的活动

21. 根据GB/T 19001—2016标准8.3.3条款"设计和开发输入"的要求,以下表述错误的是(　　)。
    A. 组织应考虑来源于以前类似设计和开发活动的信息
    B. 组织应考虑由产品和服务性质所决定的、失效的潜在后果
    C. 组织应解决相互冲突的设计和开发输入
    D. 组织应实施设计和开发输入的评审,并保留设计和开发输入评审的形成文件的信息

22. 根据GB/T 19001—2016标准8.3.4条款"设计和开发控制"的要求,以下表述错误的是(　　)。
    A. 组织应实施评审活动,以确保设计和开发的结果满足要求;
    B. 组织应实施验证活动,以确保设计和开发输出满足输入的要求;
    C. 组织应实施确认活动,以确保产品和服务能够满足规定的使用要求或预期用途要求;
    D. 应针对评审、验证和确认过程中确定的问题采取必要措施。

23. 根据GB/T 19001—2016标准8.3.5条款"设计和开发输出"的要求,以下表述错误的是(　　)。
    A. 组织应确保设计和开发输出满足输入的要求
    B. 组织应确保设计和开发输出对于产品和服务提供的后续过程是充分的
    C. 规定对于实现预期目的、保证安全和正确提供(使用)所需要的产品和服务特性,适当时,在签署免责申明的条件下可以免除部分责任
    D. 设计和开发输出应保留形成文件的信息

24. 根据 GB/T 19001—2016 标准 8.3.6 条款"设计和开发更改"的要求,组织应保留下列形成文件的信息,但不包括(　　)。

    A. 设计和开发变更　　　　　　　　B. 评审的结果

    C. 变更的实施结果　　　　　　　　D. 为防止不利影响而采取的措施

25. 根据 GB/T 19001—2016 标准 8.3.4 条款"设计和开发控制"的要求,以下不属于设计确认的是(　　)。

    A. 开展替代计算

    B. 营销试用

    C. 预期的用户条件下的模拟和测试

    D. 软件项目进行的提供反馈的最终用户测试

26. 根据 GB/T 19001—2016 标准 8.3.6 条款"设计和开发更改"的要求,以下表述错误的是(　　)。

    A. 设计和开发的更改可能发生在设计和开发活动的任一阶段

    B. 适当时,应对产品和服务设计和开发期间以及后续所做的更改进行识别、评审和控制

    C. 设计和开发的更改应保留形成文件的信息

    D. 对设计和开发更改的控制是为了避免不利影响,确保符合要求

27. "停车场的保安人员观察进场车辆外观状况,并将车辆存在的剐蹭缺陷告知业主。"适用于这一情景的 GB/T 19001—2016 标准的条款是(　　)。

    A. 8.5.2　　　　　　　　　　　　B. 8.5.3

    C. 8.4.3　　　　　　　　　　　　D. 8.5.4

28. 依据 GB/T 19001—2016 标准 8.5.2 条款要求,以下说法正确的是(　　)。

    A. 按照监视和测量要求识别过程输出的状态

    B. 识别监视和测量设备校准状态的标识

    C. 文件修订状态的标识

    D. 设备完好状态的标识

29. 对生产和服务提供的更改进行必要的评审和控制的目的是(　　)。

    A. 确保生产和服务提供稳定地符合要求

    B. 以验证产品和服务的要求已被满足

    C. 满足顾客要求

    D. 以上都是

30. 当产品和服务的要求发生变化时,组织应(　　)。

    A. 确保相关的文件化信息得到修改　　B. 确保相关人员意识到变更的要求

    C. 确保得到最高管理者批准　　　　　D. A+B

31. 下列不是顾客沟通的内容的是(　　)。

    A. 合同变更

    B. 顾客财产

    C. 组织的内审

    D. 关系重大时,就应急措施制定特定的要求

32. 组织应确定并提供所需要的人员,以有效实施质量管理体系并( )其过程。
    A. 运行   B. 运行和控制
    C. 控制   D. 运行与控制
33. 组织应确定运行过程所需的( ),以获得合格产品和服务。
    A. 教育   B. 培训
    C. 知识   D. 经验
34. 当发现测量设备不符合预期用途时,组织应确定( ),必要时采取适当的措施。
    A. 以往测量结果的有效性进行评价
    B. 以往测量结果的有效性是否受到不利影响
    C. 以往测量结果的有效性
    D. 任何受影响的产品
35. 组织的知识是从其经验中获得的特定知识,是实现组织( )所使用的共享信息。
    A. 目标   B. 方针
    C. 目标和方针   D. 意识
36. 当利用( )来验证产品和服务符合要求时,组织应确定并提供确保结果有效和可靠所需的资源。
    A. 监视和测量以及所需的监视和测量设备
    B. 监视或测量活动
    C. 监视和测量
    D. 监视和测量设备
37. 利用输出提供( )的相互关联和相互作用的一组活动,称为过程。
    A. 要求   B. 策划
    C. 持续改进   D. 预期结果
38. 组织环境是指对组织建立和实现目标的方法有影响的( )因素的组合。
    A. 内部和外部   B. 政策和市场
    C. 股东和政府   D. 员工和消费者
39. 虽然外包的职能或过程在组织的业务范围内,但是承包的外部组织是处在组织的管理体系覆盖范围( )。
    A. 之内   B. 之内或之外
    C. 之内和之外   D. 之外
40. 两个或两个以上相互关联和相互作用的( )也可属于一个过程。
    A. 过程   B. 连续过程
    C. 活动   D. 程序

二、多项选择题（从下面各题选项中选出两个或两个以上最恰当的答案，并将答案填在下列表格中。选错选项时、少选时均不得分；每题2分，共40分）

题号	1	2	3	4	5	6	7	8	9	10
答案										
题号	11	12	13	14	15	16	17	18	19	20
答案										

1. 依据GB/T 19001—2016标准，关于基于风险的思维，以下说法正确的是（   ）。
   A. 组织需策划和实施应对风险和利用机遇的措施
   B. 对发生的不合格问题进行分析
   C. 应对风险和利用机遇可以为提高质量管理体系有效性、实现改进结果以及防止不利影响奠定基础
   D. 机遇的出现可能意味着某种有利于实现预期结果的局面

2. 在质量管理体系中应用过程方法能够（   ）。
   A. 理解并持续满足要求
   B. 从增值的角度考虑过程
   C. 获得有效的过程绩效
   D. 在评价数据和信息的基础上改进过程

3. 组织应在适当阶段实施策划的安排，以验证产品和服务的要求已被满足。此要求包括下面验证情况的有（   ）。
   A. 采购产品进厂检验
   B. 成品入库前检验
   C. 对委托加工的待组装零件的检验
   D. 酒店对整理好的客房卫生检查

4. 管理评审的输出应包括与下列事项相关的决定和措施的有（   ）。
   A. 质量管理体系绩效和有效性
   B. 质量管理体系所需的变更
   C. 改进的机会
   D. 监视和测量结果

5. 组织运行策划和控制阶段应建立下列内容的准则（   ）。
   A. 过程
   B. 产品和服务的设计和开发
   C. 产品和服务的接收
   D. 顾客满意监视和评价

6. 目标是要实现的结果，目标可以是（   ）。
   A. 战略的
   B. 战术的
   C. 运行的
   D. 只限于质量管理的目的

7. 下列关于审核的表述正确的是（   ）。
   A. 审核是为获得客观证据并对其进行客观的评价，以确定满足审核准则的程度所进行的系统的、独立的并形成文件的过程
   B. 审核可以是内部审核，或外部审核
   C. 审核中的多体系审核也就是结合审核
   D. 为了确保审核的公正性，必须由独立的第三方进行审核活动。

8. 对不符合的处置方式有(　　)。
   A. 为使不合格产品或服务符合要求而对其采取的措施
   B. 为使不合格产品或服务满足预期用途而对其采取的措施
   C. 为避免不合格产品或服务原有的预期用途而对其所采取回收、销毁的措施
   D. 对于不合格的产品或者服务是不能放行的

9. 形成文件的信息可以(　　)。
   A. 任何格式和载体存在，并可来自任何来源
   B. 可包括为组织运行产生的信息
   C. 结果实现的证据
   D. 包括质量手册、程序文件、作业指导书

10. 2016版标准要求对质量管理体系的变更进行策划和实施时，应考虑(　　)。
    A. 变更目的及其潜在后果　　　　B. 质量管理体系的完整性
    C. 资源的充分性　　　　　　　　D. 责任和权限的分配或再分配

11. GB/T 19001—2016标准关于改进的方式包括(　　)。
    A. 被动型(如纠正、纠正措施)　　B. 逐渐型(持续改进)
    C. 跳跃型(如突变)　　　　　　　D. 创造型和重组型(如创新和转型)

12. 关于"产品和服务的设计和开发"，以下说法正确的是(　　)。
    A. 组织需要保持设计和开发过程文件化的信息
    B. 组织应建立、实施和保持设计和开发过程
    C. 设计和开发输入信息不需要进行评审
    D. 设计和开发输出应规定对于保证安全和正确提供所必需的产品和服务特性

13. 在确定设计和开发的各个阶段及其控制时，组织应考虑(　　)。
    A. 后续产品和服务提供的要求
    B. 顾客和重要相关方期望的控制水平
    C. 顾客和使用者参与设计和开发过程的需求
    D. 证实已经满足设计和开发要求所需的形成文件的信息

14. GB/T 19001—2016 idt ISO 9001:2015标准8.3条款"产品和服务的设计和开发"中规定了需要保留形成文件的信息(　　)。
    A. 设计和开发输入　　　　　　　B. 设计和开发控制
    C. 设计和开发输出　　　　　　　D. 设计和开发更改

15. 设计和开发控制可包括下列活动(　　)。
    A 制定产品标准　　　　　　　　B 设计开发项目组评审会议
    C 样品测试　　　　　　　　　　D 新产品发布会

16. 应对风险的措施可以考虑(　　)。
    A. 规避风险　　　　　　　　　　B. 为寻求机遇承担风险
    C. 消除风险源　　　　　　　　　D. 改变风险的可能性和后果

17. 关于质量管理体系策划的内容包括(　　)。
    A. 质量目标及其实现的策划　　　B. 改进应对风险和机会的措施
    C. 沟通质量方针　　　　　　　　D. 变更的策划

18. 属于风险和机遇方面所做的策划是（　　）。
   A. 应对风险和机遇的措施
   B. 如何将应对风险和机遇的措施融入质量管理体系过程并实施
   C. 如何评价上述措施的有效性
   D. 变更的策划

19. 组织应对生产和服务提供的更改进行必要的评审和控制，应保留形成文件的信息包括（　　）。
   A. 评审活动的纪要　　　　　　　　　B. 验证和确认结果
   C. 授权实施变更的人员　　　　　　　D. 根据评审采取的必要措施

20. 下列属于顾客或外部供方的财产可能包括（　　）。
   A. 通过 E-mail 发送来的产品技术要求
   B. 提供用于报价的样品
   C. 提供的包装材料
   D. 与顾客签订的销售合同

三、论述题（每题 5 分，共 10 分）

1. 请说出新版 GB/T 19001—2016 标准的 10 个主要变化。

2. 如何理解新版标准 4.1 条款"理解组织及其环境"？对内部因素、外部因素进行举例（内部 2 个例子、外部 3 个例子）。

四、案例题（请针对下面 2 案例，各写出 1 个不符合项报告。每题 5 分，共 10 分）

1. 库房一批油漆与金属材料分架存放。在油漆桶外的说明书上标明，油漆在 20℃ 以下的储存有效期为 1 年。但库房温度计指示，温度已达 30℃，对此，仓库保管员抱怨说，金属材料库房条件很难满足油漆的保存条件。

不符合项事实描述：
不符合的条款和内容：
不符合的程度：

2.在市场开发部,审核员查看了2016年5月发送给用户的"顾客满意信息反馈卡"。根据收发记录,公司共发出200份反馈卡,到目前为止,只收回50份,其中"满意"的43份,不太满意或有意见的3份,1份表示很不满意。市场部经理对这样的结果表示满意,所以未做进一步的分析工作。

不符合项事实描述:
不符合的条款和内容:
不符合的程度: